# EINFACH GUT

APHRODITE KAIPI

# GRIECHISCHE KÜCHE

FALKEN

# Inhalt

# Zu diesem Buch

Zaubern Sie sich doch einmal ein bißchen Urlaubsstimmung auf den heimischen Tisch! Die griechische Küche bietet ein sehr reichhaltiges Angebot an Speisen und Süßigkeiten und zeichnet sich dadurch aus, daß für die Zubereitung der Gerichte vorwiegend frische Zutaten verwendet werden. Dadurch sind sie besonders schmackhaft und vitaminreich. In diesem Buch wurden besonders charakteristische Rezepte der griechischen Küche zusammengestellt. Machen Sie einen Ausflug durch diese kulinarische Welt!

Laden Sie sich Freunde zum Essen ein, denn auch in Griechenland ißt man am liebsten in geselliger Runde. Bei großen Familienfeiern werden Vorspeisen und Hauptgerichte zusammen serviert, jeder nimmt sich dann soviel und wovon er will. Als Aperitif wird oft ein Ouzo, entweder pur oder mit Wasser verdünnt, vor den Mahlzeiten gereicht. Eine wichtige Zutat in der griechischen Küche ist das Olivenöl. Fast jede Speise wird damit zubereitet. Zum Fritieren sollten Sie allerdings ein neutrales Pflanzenöl verwenden.

Alle Gerichte wurden nachgekocht und die Zubereitung ist leicht verständlich erklärt, so daß auch ungeübte Köche keine Schwierigkeiten haben, die Rezepte auszuprobieren.

Die in jedem Rezeptkopf angegebene Zubereitungszeit schließt eventuelle Vorbereitungszeiten bereits mit ein. Sonderzeiten wie z.B. Zeit zum Gehen, Zeit zum Quellen und Zeit zum Einlegen etc. werden extra ausgewiesen. Eine Kalorienangabe je Portion und Vorschläge für passende Beilagen oder Getränke ergänzen diesen Informationsblock.

Zu Ihrer Orientierung finden Sie über jedem Rezeptfoto ein Stichwort zur Geschmackscharakteristik und eines zum zeitlichen Gesamtaufwand. Dabei definieren wir:

**schnell:** Das Gericht ist in maximal $1/2$ Stunde fertig.
**braucht Zeit:** Das Gericht ist in maximal $1^1/2$ Stunden fertig.
**zeitintensiv:** Die Zubereitung des Gerichts dauert länger als $1^1/2$ Stunden.

Bei der Zubereitung gehen wir davon aus, daß Gemüse, Obst, Fleisch etc. geputzt bzw. gewaschen sind. Diese Arbeitsgänge werden daher in den Rezepten nicht mehr gesondert erwähnt. Garzeiten und Temperaturangaben beziehen sich auf einen Elektroherd.

Abkürzungen:

| | |
|---|---|
| EL | = Eßlöffel (gestrichen) |
| TL | = Teelöffel (gestrichen) |
| Msp. | = Messerspitze |
| Bd. | = Bund |
| P. | = Päckchen |
| TK-... | = Tiefkühl-... |
| l | = Liter |
| ml | = Milliliter |
| kg | = Kilogramm |
| g | = Gramm |
| kcal | = Kilokalorien |
| ca. | = circa |
| Min. | = Minute(n) |
| Std. | = Stunde(n) |
| °C | = Grad Celsius |

Die Rezepte sind für **4 Personen** berechnet. Ausnahmen sind im Rezeptkopf angegeben.
Die **Kalorienangaben** beziehen sich immer auf eine Portion.

# VORSPEISEN UND SALATE

Die Vorspeisen der griechischen Küche sind so vielfältig, daß man leicht in Versuchung gerät, die anderen Gänge wegzulassen. Traditionsgemäß wird dazu ein Ouzo, pur oder mit Wasser verdünnt, serviert.

## Kalbsleber mit Kräutern

Zubereitungszeit: ca. $1/2$ Std.

Zeit zum Ruhen: ca. 2 Std.

ca. 320 kcal je Portion

Dazu paßt trockener Weißwein

500 g Kalbsleberscheiben
Salz
schwarzer Pfeffer aus der Mühle
5 EL Mehl
Olivenöl zum Braten
1 EL Weißweinessig
2 Lorbeerblätter
1 TL feingehackter Rosmarin

**1.** Die Kalbsleberscheiben kalt abspülen, trockentupfen, salzen und pfeffern. Mit Alu- oder Klarsichtfolie abdecken und für etwa 2 Stunden ruhen lassen.

**2.** Etwa 4 Eßlöffel Mehl in einen flachen Teller geben und die Kalbsleberscheiben im Mehl wenden. Olivenöl in einer Pfanne erhitzen und die Scheiben bei nicht zu starker Hitze etwa 4 Minuten darin braten. Dabei zwischendurch mit einer Palette wenden. Herausnehmen und warm stellen.

**3.** Das restliche Mehl im Bratfett anschwitzen, unter ständigem Rühren mit Essig ablöschen und dann 3 Eßlöffel Wasser einrühren. Die Lorbeerblätter und den Rosmarin hinzufügen.

**4.** Die Sauce bei milder Hitze etwa 5 Minuten köcheln lassen. Dann die Lorbeerblätter entfernen. Die Leberscheiben auf vorgewärmten Tellern anrichten und jeweils etwas Sauce darübergießen.

ZEITINTENSIV · **HERZHAFT**

## Gekochter Oktopus

▨ Zubereitungszeit: ca. $3/4$ Std.

▨ ca. 530 kcal je Portion

▨ Dazu paßt frisches Baguette

1 kg küchenfertiger Oktopus
(Mittelmeerkrake)
1 mittelgroße Zwiebel
150 ml Olivenöl
3 EL Essig
Salz
schwarzer Pfeffer aus der Mühle
1 EL frische Oreganoblättchen

**1.** Den Oktopus kalt abbrausen und zusammen mit $1/4$ Liter Wasser in einen Topf geben. Das Ganze erhitzen und den Oktopus zugedeckt bei mittlerer Hitze etwa 20 Minuten garen. Falls der Oktopus noch nicht weich ist, etwas Wasser zugeben und ihn nochmals etwa 5 Minuten kochen lassen.

**2.** Den Oktopus abtropfen lassen und in mundgerechte Stücke schneiden. Die Zwiebel schälen und fein würfeln.

**3.** Aus Olivenöl, Essig, Salz und Pfeffer eine Marinade bereiten. Die Zwiebelwürfel unter die Marinade rühren.

**4.** Die Oktopusstücke auf einen großen Teller geben und mit der Marinade vermengen. Zum Schluß alles mit Oreganoblättchen bestreuen.

**Tip:**
Der Oktopus gehört, wie der Kalmar und der Sepia, zur Familie der Tintenfische. Man erkennt ihn an seinen acht Fangarmen mit jeweils zwei Reihen von Saugnäpfen.

**Variation:**
Anstelle der Zwiebel können Sie auch 2 feingehackte Knoblauchzehen nehmen.

## Gebackene Miesmuscheln

- Zubereitungszeit: ca. 1 Std.
- Zeit zum Ruhen: ca. 1 Std.
- ca. 310 kcal je Portion
- Dazu paßt vollmundiger Rotwein

150 ml Milch
1 Ei
6 EL Olivenöl
Salz
schwarzer Pfeffer aus der Mühle
100 g Mehl
1 kg frische Miesmuscheln

**1.** Milch, Ei, 1 Eßlöffel Öl, Salz sowie Pfeffer in einer Schüssel mit einem Schneebesen gut verrühren. Anschließend das Mehl einrühren, bis ein glatter, dickflüssiger Teig entsteht. Den Teig mit einem Küchentuch bedecken und etwa 1 Stunde ruhen lassen.

**2.** Die Muscheln unter fließendem Wasser gründlich abbürsten. Bereits geöffnete wegwerfen. Die Muscheln zusammen mit etwas Wasser in einen großen Topf geben und bei starker Hitze in 5 bis 7 Minuten zugedeckt garkochen.

**3.** Sobald alle Schalen geöffnet sind, die Muscheln auf ein Sieb geben, abtropfen und abkühlen lassen. Muscheln, die sich beim Kochen nicht geöffnet haben, wegwerfen. Das Muschelfleisch mit Hilfe einer Gabel jeweils aus den Schalen lösen und abtropfen lassen.

**4.** Das restliche Olivenöl in einer Pfanne kräftig erhitzen. Die Muscheln einzeln in den Teig tauchen und bei mittlerer Hitze im Öl goldbraun ausbacken. Anschließend auf Küchenkrepp abtropfen lassen und heiß servieren.

# Gebackene Zucchini

▓ Zubereitungszeit: ca. $3/4$ Std.

▓ Zeit zum Ruhen: ca. 1 Std.

▓ ca. 220 kcal je Portion

▓ Dazu paßt griechischer Joghurt

**500 g Zucchini**
**Salz**
**3 EL Mehl**
**schwarzer Pfeffer aus der Mühle**
**7 EL Olivenöl**

**1.** Die Zucchini in dünne Scheiben schneiden. Diese auf einen großen Teller geben, salzen, mit einem Küchenbrett beschweren.und etwa 1 Stunde ruhen lassen.

**2.** Nun das Mehl mit 5 Eßlöffeln Wasser glattrühren. Etwas Pfeffer sowie 1 Eßlöffel Öl hinzufügen und den Teig nochmals gut durchrühren.

**3.** Das restliche Öl in einer Pfanne erhitzen. Die Zucchinischeiben trockentupfen, mit Hilfe einer Gabel einzeln in den Teig tauchen und im Öl von beiden Seiten goldbraun braten.
*(auf dem Foto: oben)*

**Tip:**
Auf die gleiche Weise können Sie auch Auberginenscheiben zubereiten.

# Zucchinifrikadellen

▓ Zubereitungszeit: ca. $1 1/2$ Std.

▓ Zeit zum Abtropfen: ca. $1 1/2$ Std.

▓ Zeit zum Durchziehen: ca. $3/4$ Std.

▓ ca. 490 kcal je Portion

▓ Dazu paßt Retsina

**300 g Zucchini**
**4 EL Mehl**
**1 mittelgroße Kartoffel**
**100 g milder Schafskäse**
**5 EL geriebener Parmesan**
**4 EL Semmelbrösel**
**3 verquirlte Eier**
**1 EL gehackte Pfefferminze**
**schwarzer Pfeffer aus der Mühle**
**Mehl zum Wenden**
**7 EL Olivenöl**

**1.** Die Zucchini schälen, auf der Gemüsereibe fein reiben und mit dem Mehl vermischen. Die Masse auf ein Sieb geben und etwa $1 1/2$ Stunden abtropfen lassen.

**2.** Die Kartoffel in Wasser garkochen, schälen und pürieren. Den Schafskäse zerbröckeln.

**3.** Die Zucchini-Mehl-Masse gut auspressen und mit Kartoffelpüree, Schafskäse, Parmesan, Semmelbröseln, Eiern, Pfefferminze und Pfeffer vermengen. Das Ganze zu einer kompakten Masse verarbeiten und diese im Kühlschrank etwa $3/4$ Stunden ziehen lassen.

**4.** Aus der Masse kleine Frikadellen formen, diese in Mehl wenden und im heißen Öl bei mittlerer Hitze goldbraun braten. Auf Küchenkrepp abtropfen lassen.
*(auf dem Foto: unten)*

# Gebratene Paprika

- Zubereitungszeit: ca. 20 Min.
- ca. 160 kcal je Portion
- Dazu paßt frisches Stangenbrot

> **500 g schmale, blaßgrüne Paprikaschoten** (im gut sortierten Gemüsefachhandel erhältlich)
> **Mehl zum Wenden**
> **4 EL Olivenöl**
> **3 EL Weißweinessig**
> **Salz**
> **schwarzer Pfeffer aus der Mühle**

**1.** Die Paprikaschoten waschen, mit einer Gabel mehrmals einstechen und noch feucht in Mehl wenden. Überschüssiges Mehl leicht abklopfen.

**2.** Das Öl in einer Pfanne erhitzen und die Paprikaschoten darin von allen Seiten bei mittlerer Hitze goldbraun braten.

**3.** Die Paprikaschoten auf einen Teller geben und jeweils mit etwas Essig beträufeln. Alles mit Salz und Pfeffer würzen.
*(auf dem Foto oben)*

**Tip:**
Nehmen Sie für dieses Rezept nur die schmalen, blaßgrünen Paprikaschoten. Das Fruchtfleisch dieser Sorte ist zarter als das der dunkelgrünen Sorten.

# Auberginenpüree

- Zubereitungszeit: ca. 1 1/2 Std.
- Zeit zum Durchziehen: ca. 1/2 Std.
- ca. 230 kcal je Portion
- Dazu paßt Graubrot

> **500 g kleine Auberginen**
> **2 große Knoblauchzehen**
> **50 g Walnußhälften**
> **50 g Schafskäse**
> **Saft von 1/2 Zitrone**
> **1 EL Weißweinessig**
> **Salz**
> **2 EL Olivenöl**
> **1 frisches Eigelb**
> **schwarzer Pfeffer aus der Mühle**
> **2 milde Peperoni zum Garnieren**

**1.** Den Backofen auf 175 °C vorheizen. Die Auberginen mit einer Gabel einstechen und im Ofen etwa 1 Stunde backen, bis sie weich sind. Anschließend enthäuten.

**2.** Den Knoblauch schälen und fein hacken. Die Walnüsse grob hacken und den Schafskäse fein zerbröckeln. Das Auberginenfruchtfleisch pürieren und mit Zitronensaft, Essig, Salz und Öl verrühren.

**3.** Den Knoblauch, die Walnüsse und den Schafskäse in das Auberginenpüree geben.

**4.** Zum Schluß das Eigelb und den Pfeffer untermischen. Das Auberginenpüree etwa 1/2 Stunde kühl stellen. Vor dem Servieren mit den Peperoni garnieren.
*(auf dem Foto unten)*

SCHNELL · **AROMATISCH**

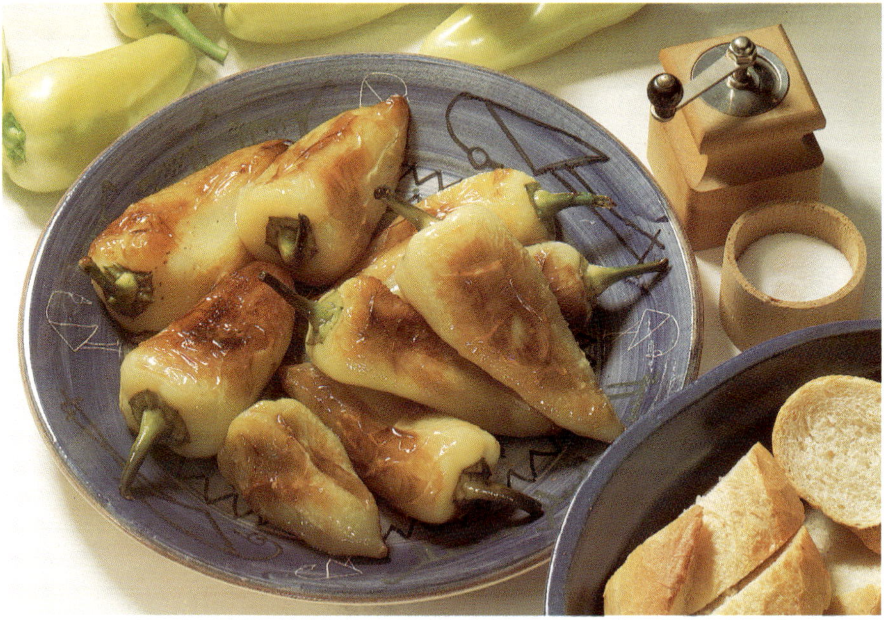

ZEITINTENSIV · **PIKANT**

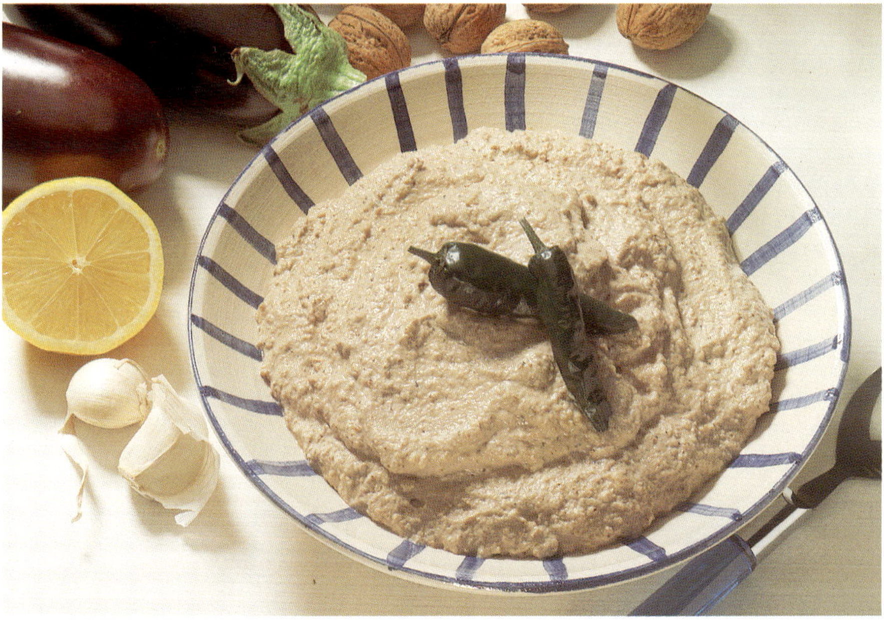

# Knoblauchcreme

Zubereitungszeit: ca. $3/4$ Std.

Zeit zum Durchziehen: ca. 10 Std.

ca. 330 kcal je Portion

Paßt zu gebratenen Zucchini oder Auberginen

6 große Knoblauchzehen
200 ml Weißweinessig zum Einlegen
400 g Kartoffeln
Salz
4 EL Weißweinessig
100 ml Olivenöl
1 schwarze Olive zum Garnieren

**1.** Den Knoblauch schälen und über Nacht in Essig einlegen.

**2.** Die Kartoffeln schälen und in Salzwasser garkochen. Dann abtropfen lassen und zusammen mit dem Knoblauch pürieren.

**3.** Essig hinzufügen und salzen. Das Öl nach und nach darunterrühren. Die Creme mit der schwarzen Olive garnieren.
*(auf dem Foto: oben)*

# Tsatsiki

Zubereitungszeit: ca. $1/4$ Std.

Zeit zum Durchziehen: ca. 1 Std.

ca. 230 kcal je Portion

Dazu paßt Weißbrot

$1/2$ Salatgurke
4 durchgepreßte Knoblauchzehen
400 g griechischer Joghurt (10 % Fett)
4 EL Olivenöl
Salz
schwarzer Pfeffer aus der Mühle

**1.** Die Salatgurke schälen und grob reiben. Die Gurkenmasse auspressen und in einer Schüssel mit dem Knoblauch vermischen.

**2.** Den Joghurt unterrühren und dann Öl, Salz sowie Pfeffer gründlich untermischen.

**3.** Tsatsiki zugedeckt etwa 1 Stunde im Kühlschrank ziehen lassen und dann servieren.
*(auf dem Foto: Mitte)*

# Fischrogencreme

Zubereitungszeit: ca. $1/2$ Std.

ca. 710 kcal je Portion

Dazu paßt Bauernbrot

5 Scheiben Weißbrot ohne Rinde
100 g Karpfenrogen
250 ml Olivenöl
Saft von 1 Zitrone
1 kleine Zwiebel
3 schwarze Oliven zum Garnieren

**1.** Das Brot in etwas kaltem Wasser einweichen und dann auspressen. Den Fischrogen zusammen mit dem Brot mit einem Handrührgerät verrühren bis eine glatte, cremige Masse entsteht.

**2.** Unter ständigem Rühren nach und nach das Öl sowie den Zitronensaft hinzufügen.

**3.** Die Zwiebel schälen, pürieren und unter die Masse ziehen. Die Creme in eine Schüssel geben und mit den Oliven garnieren.
*(auf dem Foto: unten)*

## Hackfleischpastete

- Zubereitungszeit: ca. 1$^{1}/_{4}$ Std.
- ca. 1040 kcal je Portion
- Dazu paßt ein kühles Bier

300 g TK-Blätterteig
5 EL Butter
3 gewürfelte Zwiebeln
300 g Rinderhackfleisch
100 ml Weißwein
Salz, Pfeffer
5 EL Semmelbrösel
1 Bd. gehackte Petersilie
Fett für die Form
4 EL Mehl
150 ml Olivenöl

**1.** Den Blätterteig auftauen lassen. Die Butter erhitzen und die Zwiebeln darin glasig braten.

**2.** Das Hackfleisch dazugeben und unter Rühren bei mittlerer Hitze krümelig braten. Mit Weißwein ablöschen und mit Salz und Pfeffer würzen.

**3.** Die Füllung zugedeckt etwa 10 Minuten bei milder Hitze ziehen lassen. Dann die Semmelbröseln untermengen. Zum Schluß die Petersilie dazugeben.

**4.** Den Backofen auf 200 °C vorheizen. Eine Kastenform (ca. 25 cm lang) ausfetten. Die Blätterteigplatten mit Mehl bestäuben, einzeln in Backformgröße ausrollen und jeweils die Oberseite mit Öl bepinseln.

**5.** Dreiviertel der Blätterteigplatten übereinander schichten und in die Form legen. Die Füllung gleichmäßig darauf verteilen und mit den übrigen Teigplatten bedecken. Mit dem restlichen Öl beträufeln. Die Pastete im Ofen in etwa $^{1}/_{2}$ Stunde goldbraun backen.

## Spinat-Schafskäse-Pitta

▢ Zubereitungszeit: ca. 1¼ Std.

▢ ca. 960 kcal je Portion

▢ Dazu paßt trockener Weißwein

**4 EL Olivenöl zum Braten**
**3 gewürfelte Zwiebeln**
**450 g aufgetauter TK-Blattspinat**
**Salz, Pfeffer**
**frisch geriebene Muskatnuß**
**1 Bd. gehackter Dill**
**150 g milder Schafskäse**
**1 verquirltes Ei**
**3 EL Kondensmilch**
**Fett für die Form**
**300 g aufgetauter TK-Blätterteig**
**4 EL Mehl**
**150 ml Olivenöl**

**1.** Das Olivenöl erhitzen und die Zwiebeln darin glasig braten. Den Spinat kleinschneiden, hinzufügen und das Ganze etwa 10 Minuten dünsten. Anschließend mit Salz, Pfeffer und Muskatnuß würzen und den Dill untermischen.

**2.** Den Schafskäse in einer Schüssel zerbröckeln, das Ei und die Kondensmilch dazugeben und alles gut verrühren. Diese Masse unter den Spinat heben. Den Backofen auf 200 °C vorheizen.

**4.** Eine Kastenform (ca. 25 cm lang) ausfetten. Die Blätterteigplatten mit Mehl bestäuben, einzeln in Backformgröße ausrollen und jeweils die Oberseite mit Öl bepinseln.

5. Dreiviertel der Blätterteigplatten übereinander schichten und in die Form legen. Die Füllung gleichmäßig darauf verteilen und mit den übrigen Teigplatten bedecken. Mit dem restlichen Öl beträufeln. Die Pastete im Ofen in etwa ½ Stunde goldbraun backen.

## Rote-Bete-Salat

▦ Zubereitungszeit: ca. 1 Std.

▦ ca. 200 kcal je Portion

▦ Dazu paßt Retsina

▦ 1 kg rote Bete mit Blättern
1 Knoblauchzehe
6 EL Olivenöl
3 EL Weißweinessig
Salz
schwarzer Pfeffer aus der Mühle

**1.** Die Blätter von den Roten Beten trennen und die Knollen in kochendem Wasser etwa 20 Minuten garen. Dann die Blätter dazugeben und das Ganze nochmals etwa $1/2$ Stunde kochen. Dann kurz abtropfen lassen.

**2.** Die Roten Beten schälen und in Scheiben schneiden. Die Blätter fein hacken. Den Knoblauch schälen und sehr fein schneiden. Diese Zutaten in einen großen, tiefen Teller geben.

**3.** Das Öl mit dem Essig verrühren. Knoblauch, Salz sowie Pfeffer dazugeben. Die Marinade gut durchrühren und über den Rote-Bete-Salat geben.
*(auf dem Foto: oben )*

## Grüner Salat

▦ Zubereitungszeit: ca. 20 Min.

▦ Zeit zum Durchziehen: ca. 10 Min.

▦ ca. 130 kcal je Portion

▦ Dazu paßt frisches Baguette

▦ 1 Kopfsalat, 2 Schalotten
1 Bd. gehackter Dill
Saft von 1 Zitrone
5 EL Olivenöl, Salz
1 Dillzweig zum Garnieren

**1.** Den Kopfsalat in dünne Streifen schneiden. Die Schalotten schälen und in dünne Scheiben schneiden.

**2.** Kopfsalat, Schalotten und Dill in eine Schüssel geben und mit Zitronensaft und Öl übergießen. Den Salat salzen, gut vermischen und 10 Minuten ziehen lassen. Mit einem Dillzweig garnieren.
*(auf dem Foto: Mitte)*

## Weißkohlsalat

▦ Zubereitungszeit: ca. $1/4$ Std.

▦ Zeit zum Ruhen: ca. 1 Std.

▦ ca. 170 kcal je Portion

▦ Dazu paßt ein kühles Bier

▦ 500 g Weißkohl
Salz
6 EL Olivenöl
3 EL Weißweinessig
schwarzer Pfeffer aus der Mühle

**1.** Den Weißkohl in dünne Streifen schneiden, diese salzen und etwa 1 Stunde ruhen lassen, bis sie glasig werden.

**2.** Das Öl mit dem Essig verrühren, die Marinade pfeffern und dann gut mit den Weißkohlstreifen vermengen.
*(auf dem Foto: unten)*

**Tip:**
Weißkohl ist der vitaminreichste unter den Kohlarten. Als Salat und Rohkost genossen, ist dieses Gemüse ein idealer Fitmacher.

## Blumenkohlsalat

▨ Zubereitungszeit: ca. $^1/_2$ Std.

▨ ca. 150 kcal je Portion

▨ Dazu paßt Weißbrot

1 großer Blumenkohl (ca. 1 kg)
Salz
5 EL Olivenöl
Saft von $^1/_2$ Zitrone
schwarzer Pfeffer aus der Mühle
1 EL gehackte Petersilie

**1.** Den Blumenkohl in kochendem Salzwasser in etwa $^1/_4$ Stunde bißfest garen. Ihn dann abtropfen und kurz abkühlen lassen.

**2.** Den Blumenkohl in Röschen zerteilen und diese in eine Schüssel geben. Öl und Zitronensaft verrühren. Die Marinade mit Salz und Pfeffer abschmecken und über den Blumenkohl gießen.

**3.** Den Blumenkohlsalat gut mischen, mit Petersilie bestreuen und lauwarm servieren.

**Tip:**
Sie können den Blumenkohlsalat auch kalt servieren. Lassen Sie ihn dann etwa 1 Stunde im Kühlschrank abkühlen.

## Bauernsalat

■ Zubereitungszeit: ca. $^1/_2$ Std.

■ Zeit zum Durchziehen: ca. $^1/_4$ Std.

■ ca. 280 kcal je Portion

■ Dazu paßt Retsina

$^1/_2$ **Salatgurke**
**1 Zwiebel**
**3 Tomaten**
**1 grüne Paprikaschote**
**100 g Schafskäse**
**10 schwarze Oliven**
**1 EL gehackte Petersilie**
**6 EL Olivenöl**
**1 EL Zitronensaft**
**Salz**
**schwarzer Pfeffer aus der Mühle**
**1 EL Oreganoblättchen**

**1.** Die Salatgurke und die Zwiebel jeweils schälen und in Scheiben schneiden. Die Tomaten vom Stielansatz befreien und das Fruchtfleisch in Scheiben schneiden. Den Kern der Paprikaschote entfernen und diese in kurze, schmale Streifen schneiden. Diese Zutaten in eine Schüssel geben.

**2.** Den Schafskäse in mundgerechte Stücke schneiden und zusammen mit den Oliven in den Salat geben. Die Petersilie darüberstreuen. Öl und Zitronensaft verrühren, die Marinade über den Salat gießen und vorsichtig damit vermengen.

**3.** Den Salat mit Salz und Pfeffer abschmecken. Die Oreganoblättchen unterziehen, alles gut vermischen und etwa $^1/_4$ Stunde ziehen lassen.

# FLEISCH

Unentbehrlich zu allen Fleischspeisen ist ein wohlschmeckendes, ofenfrisches Weißbrot! Diese typisch mediterrane Angewohnheit ist bei den Griechen besonders ausgeprägt, da es in der Regel keine anderen Beilagen gibt.

## Souvlaki im Teigfladen

- Zubereitungszeit: ca. $^3/_4$ Std.
- ca. 430 kcal je Portion
- Dazu paßt Tsatsiki

1 Fladenbrot
Butter zum Bestreichen
250 g mageres, zartes Schweinefleisch
Salz
schwarzer Pfeffer aus der Mühle
2 Prisen getrockneter Oregano
4 EL Olivenöl
2 Zwiebeln
1 große Tomate
4 EL gehackte Petersilie
Rosenpaprikapulver nach Belieben

**1.** Den Backofen auf 250 °C vorheizen. Das Fladenbrot vierteln und jedes Viertel zu einer Tasche aufschneiden. Die Innenseiten jeweils mit Butter bestreichen und die Fladenviertel etwa 10 Minuten im Backofen aufbacken.

**2.** Inzwischen das Schweinefleisch in mundgerechte Würfel schneiden und diese mit Salz, Pfeffer und Oregano würzen. Die Fleischstücke auf 4 Holzspieße verteilen. Das Olivenöl in einer Pfanne erhitzen und die Spieße darin pro Seite jeweils etwa 5 Minuten braten.

**3.** Die Zwiebeln schälen und in Halbringe schneiden. Die Tomate vom Stielansatz befreien und vierteln. Das Fleisch von den Spießen streifen. In jedes Fladenviertel Zwiebelringe, Tomatenviertel, 1 Eßlöffel Petersilie sowie Fleischstücke füllen und jede Füllung mit Paprikapulver würzen.

**Tip:**
Souvlakispieße können Sie auch im Elektrogrill oder auf einem Tischgrill zubereiten. Am besten gelingen sie auf dem Holzkohlengrill.

**Variationen:**
Wenn Sie es gerne scharf mögen, können Sie die Füllung auch mit etwas Cayennepfeffer würzen. Oder Sie verrühren 100 g griechischen Joghurt (10 % Fett) zusammen mit 1 durchgepreßten Knoblauchzehe, Salz, Pfeffer sowie Cayennepfeffer und geben jeweils etwas von dieser Sauce auf die Füllung.

BRAUCHT ZEIT · **DEFTIG**

# Kalbfleisch mit Kartoffeln

- Zubereitungszeit: ca. 1 1/4 Std.
- ca. 560 kcal je Portion
- Dazu paßt Blumenkohlsalat

**800 g Kalbfleisch aus der Schulter**
**2 gewürfelte Zwiebeln**
**130 g Butter**
**Salz**
**schwarzer Pfeffer aus der Mühle**
**200 ml Tomatensaft**
**600 g Kartoffeln**

**1.** Das Kalbfleisch in etwa 5 x 5 cm große Würfel schneiden. Zusammen mit den Zwiebeln und 1/8 Liter Wasser in einen großen Topf geben.

**2.** Das Ganze erhitzen, unter gelegentlichem Umrühren aufkochen und so lange kochen lassen, bis das Wasser verdampft ist.

**3.** Die Butter dazugeben und das Fleisch rundherum anbraten. Mit Salz und Pfeffer würzen und den Tomatensaft angießen.

**4.** Alles mit 1/4 Liter Wasser auffüllen und das Fleisch dann zugedeckt bei geringer Hitze etwa 3/4 Stunden köcheln lassen.

**5.** Die Kartoffeln schälen, würfeln und dazugeben. Erneut 1/4 Liter Wasser angießen, das Ganze salzen und nochmals etwa 20 Minuten bei milder Hitze garen. Zum Schluß alles mit Pfeffer abschmecken.
*(auf dem Foto oben)*

# Hühnersuppe

- Zubereitungszeit: ca. 1 3/4 Std.
- ca. 740 kcal je Portion
- Dazu paßt Weißbrot

**1 kleines, küchenfertiges**
**Suppenhuhn (ca. 1 kg)**
**Salz**
**schwarzer Pfeffer aus der Mühle**
**150 g Reis**
**2 Eier**
**Saft von 1 Zitrone**

**1.** Das Huhn in einen Topf geben und soviel kaltes Wasser zugeben, bis es bedeckt ist. Das Ganze erhitzen, salzen und bei mittlerer Hitze etwa 3/4 Stunden kochen. Dabei regelmäßig den Schaum abschöpfen. Mit Pfeffer würzen.

**2.** Das Huhn aus dem Sud nehmen, abkühlen lassen, enthäuten, das Fleisch von den Knochen lösen und in mundgerechte Stücke zerteilen.

**3.** Die Huhnstücke in den Topf zurückgeben und den Reis hinzufügen. Gut umrühren und nochmals etwa 1/2 Stunde kochen. Dann den Topf vom Herd nehmen.

**4.** Die Eier trennen. Die Eiweiße steif schlagen, unter weiterem Schlagen zuerst die Eigelbe, dann den Zitronensaft einrühren. Unter ständigem Rühren 3 bis 4 Eßlöffel Suppe hinzufügen.

**5.** Die Eisauce unter die Hühnersuppe ziehen. Eventuell mit Salz und Pfeffer nachwürzen.
*(auf dem Foto unten)*

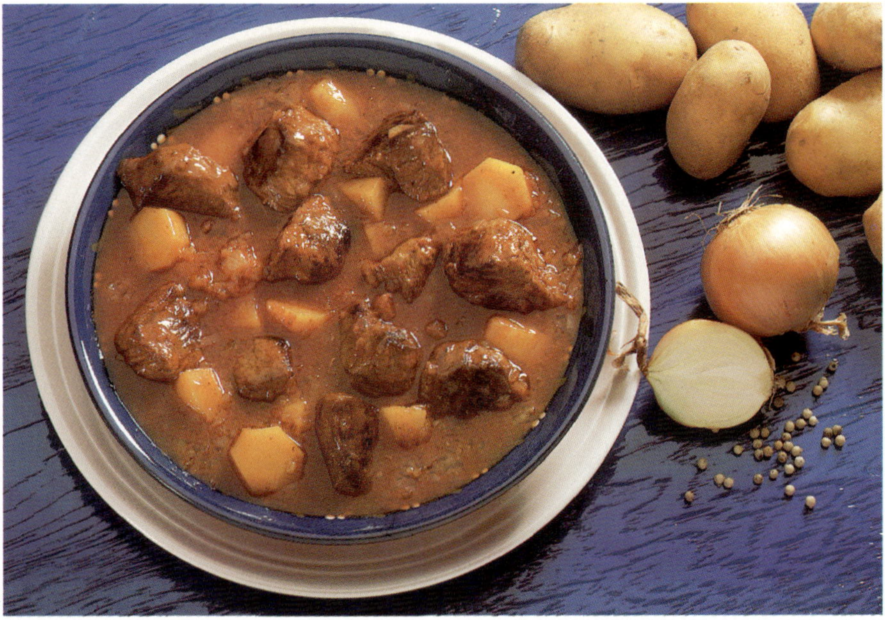

ZEITINTENSIV · SÄUERLICH-WÜRZIG

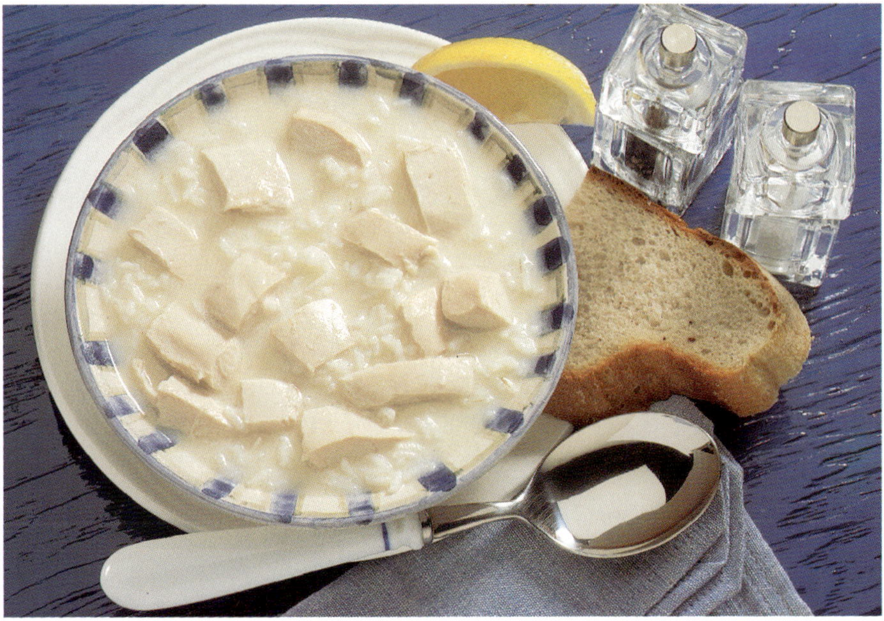

## Huhn mit Reis

▧ Zubereitungszeit: ca. 1 1/2 Std.

▧ ca. 1010 kcal je Portion

▧ Dazu paßt ein kühles Bier

1 küchenfertiges Brathähnchen
(ca. 1 kg)
100 g weiche Butter
Salz
schwarzer Pfeffer aus der Mühle
4 große, reife Tomaten
100 ml Olivenöl
400 g Reis

**1.** Den Backofen auf 220 °C vorheizen. Das Hähnchen kalt abspülen, trockentupfen und mit Butter bestreichen. Dann innen und außen mit Salz sowie Pfeffer einreiben und in einen Bräter legen.

**2.** Die Tomaten überkreuz einritzen, mit heißem Wasser überbrühen, vom Stielansatz befreien, enthäuten, entkernen und das Fruchtfleisch würfeln. Zusammen mit dem Olivenöl und 1/4 Liter Wasser zum Hähnchen geben.

**3.** Den Bräter in den Backofen schieben und das Hähnchen unter mehrmaligem Wenden etwa 3/4 Stunden braten.

**4.** Aus dem Ofen geben und das Hähnchen herausnehmen. Den Reis auf einem Sieb waschen, in den Bräter geben und mit 1/2 Liter Wasser auffüllen.

**5.** Salzen und das Hähnchen auf dem Reis plazieren. Alles nochmals 1/2 Stunde im Backofen garen.

**Variation:**
Mischen Sie kurz vor dem Servieren einen Bund gehackte Petersilie unter den Reis.

## Huhn mit Okra

- Zubereitungszeit: ca. $1^1/_2$ Std.

- ca. 520 kcal je Portion

- Dazu paßt Weißkohlsalat

1 küchenfertiges Brathähnchen
(ca. 800 g)
2 Zwiebeln
120 ml Olivenöl
4 reife Tomaten
500 g Okraschoten
5 EL Weißweinessig
Salz
schwarzer Pfeffer aus der Mühle

**1.** Das Hähnchen kalt abspülen und trocken-tupfen. Die Zwiebeln schälen und in Ringe schneiden. Etwa 8 Eßlöffel Öl in einem Topf er-hitzen und die Zwiebeln darin glasig braten. Das Hähnchen hinzufügen und von allen Sei-ten gut anbräunen.

**2.** Die Tomaten überkreuz einritzen, mit ko-chend heißem Wasser überbrühen, vom Stiel-ansatz befreien, enthäuten, entkernen und das Fruchtfleisch würfeln. Zum Hähnchen geben und das Ganze zugedeckt bei milder Hitze etwa $1/_2$ Stunde köcheln lassen.

**3.** Von den Okraschoten die Stielansätze und die Enden abschneiden. Die Schoten jeweils von der Stengelseite so abschälen, daß oben eine runde Pyramide übrig bleibt. Restliches Öl in einer Pfanne erhitzen, die Okraschoten ein-zeln in Essig tauchen und kurz im Öl anbraten. Dann auf Küchenkrepp abtropfen lassen.

**4.** Wenn das Hähnchenfleisch weich zu wer-den beginnt, die Okraschoten hinzufügen. Das Gericht mit Salz und Pfeffer würzen und nochmals $1/_2$ Stunde köcheln lassen.

# Hase mit Zwiebeln

- Zubereitungszeit: ca. $1^1/_2$ Std.
- Zeit zum Einweichen: ca. $^1/_4$ Std.
- ca. 1030 kcal je Portion
- Dazu paßt Retsina

**600 g Hasen- oder
Kaninchenkeulenfleisch
6–8 EL Olivenöl zum Braten
1 große gewürfelte Zwiebel
10 schwarze Pfefferkörner
4 EL Weißweinessig
4 reife Tomaten
6 Lorbeerblätter
2 geschälte Knoblauchzehen
1 kg kleine Zwiebeln
150 ml Olivenöl
Salz, schwarzer Pfeffer aus der Mühle**

**1.** Das Hasen- oder Kaninchenfleisch in große Stücke schneiden. Das Öl erhitzen und die Fleischstücke zusammen mit der Zwiebel darin unter Rühren etwa $^1/_4$ Stunde anbraten. Die Pfefferkörner dazugeben. Mit Essig ablöschen und den Topf schließen.

**2.** Die Tomaten überkreuz einritzen, mit heißem Wasser überbrühen, vom Stielansatz befreien, enthäuten, entkernen, kleinschneiden und hinzufügen. Das Ganze etwa 5 Minuten bei milder Hitze köcheln lassen.

**3.** Lorbeerblätter und Knoblauchzehen dazugeben. So viel Wasser angießen, bis das Fleisch bedeckt ist und das Ganze zugedeckt köcheln lassen.

**4.** Die Zwiebeln in kaltem Wasser $^1/_4$ Stunde einweichen, abtropfen lassen und schälen. In 2 Eßlöffeln Öl anbraten und dann zum Fleisch geben. Mit Salz und Pfeffer würzen. Restliches Öl hinzufügen und alles nochmals etwa $^1/_2$ Stunde garen. Vor dem Servieren die Lorbeerblätter entfernen.

*(auf dem Foto: oben)*

# Kaninchen in Wein

- Zubereitungszeit: ca. $1^1/_2$ Std.
- Zeit zum Marinieren: ca. 6 Std.
- ca. 710 kcal je Portion
- Dazu paßt Reis

**250 ml trockener Rotwein
3 gewürfelte Zwiebeln
3 durchgepreßte Knoblauchzehen
1 Bd. gehackte Petersilie
$^1/_2$ TL gehackter Thymian
4 Lorbeerblätter
1 kg Kaninchenkeulenfleisch
150 g Butter
2 EL Mehl
Salz
schwarzer Pfeffer aus der Mühle**

**1.** Wein, Zwiebeln, Knoblauchzehen, Petersilie, Thymian und Lorbeerblätter in einer Schüssel gut miteinander vermischen. Das Kaninchenfleisch grob zerteilen, in die Marinade legen und etwa 6 Stunden zugedeckt darin ziehen lassen.

**2.** Die Fleischstücke abtropfen lassen. Die Butter in einer Pfanne erhitzen und das Fleisch darin von allen Seiten anbraten.

**3.** Das Mehl in die Pfanne sieben und kurz anschwitzen lassen. Mit der Marinade ablöschen und 100 ml Wasser angießen.

**4.** Das Gericht mit Salz und Pfeffer würzen und zugedeckt bei geringer Hitze etwa 1 Stunde köcheln lassen, bis die Sauce etwas eingedickt ist.

*(auf dem Foto: unten)*

## Lammrippchen

▨ Zubereitungszeit: ca. $1/4$ Std.

▨ Zeit zum Marinieren: ca. 2 Std.

▨ ca. 940 kcal je Portion

▨ Dazu paßt Bauernsalat

> **5 EL Olivenöl für die Marinade**
> **Saft von 1 Zitrone**
> **2 feingehackte Knoblauchzehen**
> **Salz**
> **schwarzer Pfeffer aus der Mühle**
> **1 TL feingehackter Oregano**
> **1 kg Lammrippchen**
> **6–8 EL Olivenöl zum Braten**

**1.** Öl, Zitronensaft, Knoblauch, Salz, Pfeffer und Oregano gut miteinander verrühren.

**2.** Die Rippchen in eine Schüssel geben, gleichmäßig mit der Marinade beträufeln und mit Klarsicht- oder Alufolie abdecken. Für etwa 2 Stunden kühl stellen.

**3.** Das Olivenöl in einer Pfanne erhitzen und die Rippchen darin portionsweise goldbraun braten oder auf einem Grill grillen.

**Tip:**
Servieren Sie die Rippchen zusammen mit selbstgemachten, knusprigen Pommes frites aus frischen Kartoffeln.

**Variation:**
Sehr fein schmecken die Rippchen auch, wenn Sie frische, feingehackte Sommerkräuter wie zum Beispiel Rosmarin, Thymian und Basilikum in die Marinade geben.

## Lammfleisch mit Zitrone

- Zubereitungszeit: ca. 1$^1/_4$ Std.

- ca. 980 kcal je Portion

- Dazu paßt Tomatensalat

**800 g Lammfleisch aus der Hüfte**
**Salz**
**schwarzer Pfeffer aus der Mühle**
**150 g Butter**
**Saft von 2 Zitronen**
**5 EL Olivenöl**
**500 g kleine Kartoffeln**

**1.** Das Fleisch in große Stücke schneiden. Mit Salz und Pfeffer würzen. Die Butter in einem Topf erhitzen und das Fleisch von allen Seiten anbraten.

**2.** Den Zitronensaft darübergießen und den Topf für 1 Minute schließen. Dann $^1/_4$ Liter Wasser angießen und das Fleisch zugedeckt bei mittlerer Hitze etwa $^1/_2$ Stunde köcheln lassen.

**3.** Die Kartoffeln schälen und in Würfel schneiden. Das Öl in einer Pfanne erhitzen und die Kartoffeln darin goldbraun braten.

**4.** Die Kartoffeln zum Fleisch geben und, falls nötig, etwas Wasser angießen. Das Gericht zugedeckt etwa $^1/_4$ Stunde garen und zum Schluß nochmals mit Salz und Pfeffer abschmecken.

# Lammfleisch im Ofen

- Zubereitungszeit: ca. 1$^1/_4$ Std.
- ca. 1200 kcal je Portion
- Dazu paßt trockener Rotwein

> 800 g Lammfleisch aus der Schulter
> Salz
> schwarzer Pfeffer aus der Mühle
> 150 g Butterflöckchen
> 5 vollreife Tomaten
> 400 g griechische Nudeln
> 150 g frisch geriebener, griechischer
> Hartkäse (ersatzweise frisch
> geriebener Parmesan)

**1.** Den Backofen auf 200 °C vorheizen. Das Fleisch in mundgerechte Stücke schneiden, mit Salz und Pfeffer würzen und in einen Römertopf legen. Die Butterflöckchen gleichmäßig darüber verteilen.

**2.** Die Tomaten überkreuz einritzen, mit kochend heißem Wasser überbrühen, vom Stielansatz befreien, enthäuten, entkernen, kleinschneiden und zum Fleisch geben. Dann $^1/_8$ Liter Wasser angießen. Das Ganze in den Ofen geben und etwa $^3/_4$ Stunden garen.

**3.** Die Nudeln daruntermischen, $^3/_4$ Liter Wasser angießen und mit Salz sowie Pfeffer würzen. Das Ganze im Ofen nochmals etwa 20 Minuten garen. Vor dem Servieren mit Käse bestreuen.
*(auf dem Foto oben)*

**Tip:**
Griechische Nudeln erhalten Sie in gut sortierten Supermärkten oder in griechischen Fachgeschäften.

# Gefüllte Weinblätter

- Zubereitungszeit: ca. 1$^1/_2$ Std.
- ca. 560 kcal je Portion
- Dazu paßt Retsina

> 150 g eingelegte Weinblätter
> (Fertigprodukt, in griechischen
> Fachgeschäften erhältlich)
> 250 g Rinderhackfleisch
> 150 g Reis
> 1 gewürfelte Zwiebel
> 1 Bd. gehackte Petersilie
> Salz, Pfeffer, 100 g Butter
> 2 Eier, Saft von 1 Zitrone

**1.** Die Weinblätter mit lauwarmen Wasser waschen. Sollten sie nicht weich genug sein, nochmals 2 Minuten in kochendes Wasser legen. In einer Schüssel Hackfleisch, Reis, Zwiebel und Petersilie gut miteinander vermengen. Die Mischung mit Salz und Pfeffer würzen.

**2.** Die Weinblätter mit der glänzenden Seite nach unten füllen. Jeweils 1 Eßlöffel Hackfleisch-Reis-Mischung in die Mitte legen, die seitlichen Blattspitzen darüberschlagen und die Füllung zur Blattspitze hin einwickeln.

**3.** Die gefüllten Weinblätter kreisförmig nebeneinander in einen Topf legen. Die Butter in dicken Flocken darüber verteilen und den Topf mit Wasser füllen, bis die Weinblätter ganz bedeckt sind. Einen möglichst schweren Teller mit der Oberseite nach unten auf die Weinblätter legen und diese zugedeckt bei milder Hitze etwa $^3/_4$ Stunden garen.

**4.** Die Eier trennen. Die Eiweiße steif schlagen. Unter weiterem Schlagen zuerst die Eigelbe, dann den Zitronensaft unterrühren. Vorsichtig 3 bis 4 Eßlöffel Sud unter die Eisauce ziehen und diese zusammen mit den Weinblättern servieren.
*(auf dem Foto unten)*

BRAUCHT ZEIT · **PIKANT**

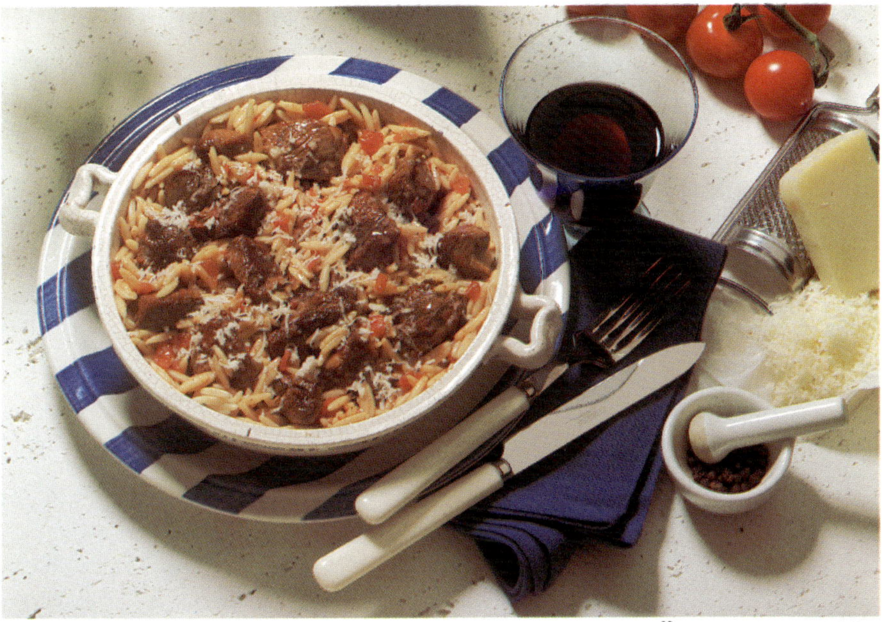

BRAUCHT ZEIT · **SÄUERLICH-FRISCH**

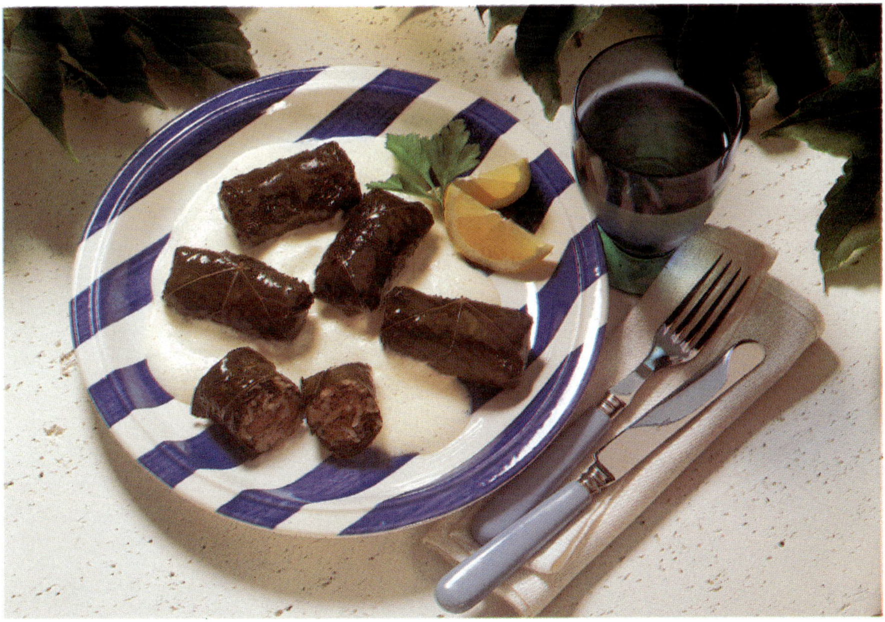

# Frikadellen

- Zubereitungszeit: ca. $^1/_2$ Std.
- ca. 650 kcal je Portion
- Dazu paßt ein kühles Bier

**2 Knoblauchzehen**
**1 große Zwiebel**
**500 g Rinderhackfleisch**
**100 g Semmelbrösel**
**1 Ei**
**4 EL Olivenöl**
**1 Bd. gehackte Petersilie**
**Salz**
**schwarzer Pfeffer aus der Mühle**
**6–8 EL Olivenöl zum Braten**
**1 Zitrone**

**1.** Die Knoblauchzehen und die Zwiebel jeweils schälen und fein hacken. Hackfleisch mit Semmelbröseln, Knoblauch und Zwiebel gut vermischen.

**2.** Anschließend das Ei dazuschlagen, Öl, Petersilie sowie Pfeffer und Salz hinzufügen. Die Masse gründlich durchkneten und mit nassen Händen daraus Frikadellen formen.

**3.** Das Öl in einer Pfanne erhitzen und die Frikadellen darin von beiden Seiten goldbraun braten.

**4.** Die Zitrone in Scheiben schneiden, diese jeweils achteln und das Ganze damit garnieren.
*(auf dem Foto: oben)*

**Tip:**
Frikadellen lassen sich auch hervorragend grillen. Bestreichen Sie sie jedoch vor dem Grillen mit etwas Olivenöl, sonst werden sie zu trocken.

# Hackfleischbällchensuppe

- Zubereitungszeit: ca. $^3/_4$ Std.
- Zeit zum Kühlen: ca. 1 Std.
- ca. 530 kcal je Portion
- Dazu paßt Weißbrot

**400 g Rinderhackfleisch**
**50 g Reis**
**1 Ei**
**1 gewürfelte Zwiebel**
**1 Bd. gehackte Petersilie**
**Salz**
**schwarzer Pfeffer aus der Mühle**
**100 g Butter**
**2 Eiweiß**
**2 Eigelb**
**Saft von 1 Zitrone**

**1.** Hackfleisch, Reis, Ei, Zwiebel, Petersilie, Salz sowie Pfeffer in eine Schüssel geben und das Ganze gut durchkneten. Anschließend daraus walnußgroße Bällchen formen und diese etwa 1 Stunde kühl stellen.

**2.** Etwa 1$^1/_2$ Liter Wasser in einen Topf füllen, die Butter dazugeben und mit Salz würzen. Wenn das Wasser kocht, die Hackfleischbällchen vorsichtig einzeln hineingeben und etwa 20 Minuten bei mittlerer Hitze köcheln lassen. Dann den Topf vom Herd nehmen.

**3.** Die Eiweiße steif schlagen. Unter weiterem Schlagen zuerst die Eigelbe, dann den Zitronensaft dazugeben. Vorsichtig 3 bis 4 Eßlöffel Hackfleischsud unter die Eisauce ziehen und diese dann in die Suppe einrühren.
*(auf dem Foto: unten)*

# Moussaka

- Zubereitungszeit: ca. 1 $^3/_4$ Std.
- Zeit zum Ruhen: ca. 1$^1/_2$ Std.
- ca. 850 kcal je Portion
- Dazu paßt Bauernsalat

**Für die Moussaka:**
4 mittelgroße Auberginen
Salz, 140 ml Olivenöl
400 g Lammhackfleisch
2 gewürfelte Zwiebeln
100 ml trockener Weißwein
4 vollreife Tomaten
schwarzer Pfeffer aus der Mühle

**Für die Béchamelsauce:**
6 EL Mehl, 3 EL Butter, 250 ml Milch
1 verquirltes Ei, 1 EL Zucker

**Außerdem:**
6 EL geriebener Hartkäse

**1.** Die Auberginen in $^1/_2$ cm dicke Scheiben schneiden. Diese salzen und etwa 1$^1/_2$ Stunden ruhen lassen. Zwei Eßlöffel Öl erhitzen und das Hackfleisch sowie Zwiebeln darin etwa $^1/_4$ Stunde braten. Mit Wein ablöschen. Tomaten überkreuz einritzen, mit heißem Wasser überbrühen, vom Stielansatz befreien, enthäuten, entkernen, kleinschneiden und dazugeben. Die Mischung salzen, pfeffern und bei geringer Hitze etwa $^1/_4$ Stunde schmoren lassen.

**2.** Backofen auf 220 °C vorheizen. Restliches Öl erhitzen und die Auberginenscheiben darin anbraten. Auf Küchenkrepp abtropfen lassen. In eine Auflaufform (ca. 28 cm Ø) abwechselnd Auberginenscheiben und Hackfleischmischung einschichten. Jede Schicht pfeffern. Mit Auberginenscheiben abschließen.

**3.** Mehl in der Butter anschwitzen, unter Rühren die Milch zufügen und die Sauce salzen. Ei und Zucker einrühren. Die Sauce über die Moussaka gießen, diese mit Käse bestreuen und im Ofen etwa $^1/_2$ Stunde backen.

## Makkaroniauflauf mit Béchamelsauce

▨ Zubereitungszeit: ca. $1^1/_2$ Std.

▨ ca. 890 kcal je Portion

▨ Dazu paßt Tomatensalat

**Für die Nudel-Hackfleisch-Mischung:**
300 g Makkaroni, Salz, 100 g Butter
300 g gemischtes Hackfleisch
2 große gewürfelte Zwiebeln
2 geschälte Tomaten ( aus der Dose)
Pfeffer aus der Mühle, 150 ml Weißwein
1 EL gehackte Petersilie

**Für die Béchamelsauce:**
6 EL Mehl, 3 EL Butter, 250 ml Milch
1 verquirltes Ei, 1 EL Zucker

**Außerdem:**
Fett für die Form
4 EL geriebener Hartkäse

**1.** Die Makkaroni in kochendem Salzwasser in etwa 12 Minuten bißfest garen, dann abgießen und abtropfen lassen. Die Butter in einer Pfanne erhitzen und das Hackfleisch zusammen mit den Zwiebeln darin anbraten.

**2.** Die Tomaten dazugeben und mit einer Gabel zerdrücken. Das Ganze salzen, pfeffern und etwa 5 Minuten dünsten. Mit Wein ablöschen, gut umrühren und nochmals 10 Minuten garen. Die Petersilie unterziehen.

**3.** Den Backofen auf 200 °C vorheizen. Für die Béchamelsauce das Mehl in der Butter anschwitzen, unter ständigem Rühren die Milch langsam zufügen und die Sauce mit Salz abschmecken. Das Ei und den Zucker einrühren.

**4.** Die Makkaroni mit dem Hackfleisch vermischen und die Masse in eine große, gefettete Auflaufform geben. Die Béchamelsauce gleichmäßig darüber verteilen und den Käse darüberstreuen. Den Auflauf etwa $^3/_4$ Stunden im Ofen backen.

# Gefüllte Paprikaschoten

- Zubereitungszeit: ca. 1³/₄ Std.
- ca. 640 kcal je Portion
- Dazu paßt ein kühles Bier

8 große Paprikaschoten
(gelb, rot oder grün)
120 ml Olivenöl
2 gewürfelte Zwiebeln
100 g Reis
200 g gemischtes Hackfleisch
350 ml Tomatensaft
Salz, Pfeffer
1 Bd. gehackte Petersilie
4 TL Zucker

**1.** Von den Paprikaschoten jeweils einen runden Deckel aufschneiden, jedoch nicht ganz abschneiden. Die Schoten von weißen Trennwänden und Kernen befreien und in eine Auflaufform legen.

**2.** Vier Eßlöffel Öl erhitzen und die Zwiebeln darin glasig braten. Reis und Hackfleisch dazugeben, gut umrühren und etwa 5 Minuten braten.

**3.** Nun ¹/₄ Liter Tomatensaft angießen, salzen, pfeffern und die Petersilie einrühren. Dann 100 ml Wasser hinzufügen, umrühren und das Ganze bei geringer Hitze etwa ¹/₄ Stunde schmoren.

**4.** Den Backofen auf 200 °C vorheizen. Jede Schote innen mit einem halben Teelöffel Zucker bestreuen und mit der Fleisch-Reis-Mischung bis knapp unter den Rand füllen. Die Schoten jeweils mit den Deckeln verschließen.

**5.** Restliches Öl und restlichen Tomatensaft in die Form gießen und alles nochmals mit Salz und Pfeffer würzen. Das Gericht etwa 1 Stunde im Ofen backen.
*(auf dem Foto: oben)*

# Auberginen mit Hackfleisch

- Zubereitungszeit: ca. 1³/₄ Std.
- ca. 860 kcal je Portion
- Dazu paßt Bauernsalat

Für die Auberginen:
4 mittelgroße Auberginen
120 ml Olivenöl
1 gewürfelte Zwiebel
300 g Rinderhackfleisch, Salz, Pfeffer
1 Bd. gehackte Petersilie
50 ml trockener Weißwein
8 EL geriebener Hartkäse
100 ml Tomatensaft

Für die Béchamelsauce:
6 EL Mehl, 3 EL Butter, 250 ml Milch
1 verquirltes Ei, 1 EL Zucker

**1.** Die Auberginen längs halbieren, jeweils das Fruchtfleisch mit einem Teelöffel herauslösen und würfeln. Etwa 3 Eßlöffel Öl erhitzen und die Auberginenhälften darin von jeder Seite etwa 5 Minuten anbraten. Erneut 3 Eßlöffel Öl erhitzen und die Zwiebel darin dünsten. Hackfleisch und Auberginenfruchtfleisch hinzufügen und anbraten. Nach ¹/₄ Stunde Garzeit Salz, Pfeffer, Petersilie und Wein unterrühren. Die Mischung nochmals 20 Minuten bei geringer Hitze schmoren lassen.

**2.** Den Backofen auf 200 °C vorheizen. Das Mehl in der Butter anschwitzen, unter ständigem Rühren die Milch langsam hinzufügen und die Sauce salzen. Das Ei und den Zucker einrühren.

**3.** Die Auberginenhälften in eine Auflaufform legen, mit der Hackfleischmischung füllen und mit Béchamelsauce übergießen. Mit Käse bestreuen. Tomatensaft mit restlichem Öl verrühren und dazugießen. Das Gericht etwa ¹/₂ Stunde im Backofen backen.
*(auf dem Foto: unten)*

# Gefüllte Zucchini

■ Zubereitungszeit: ca. $1^1/_4$ Std.

■ ca. 760 kcal je Portion

■ Dazu paßt trockener Weißwein

1 kg kleine Zucchini
400 g Rinderhackfleisch
150 g Reis
2 gewürfelte Zwiebeln
1 Bd. gehackte Petersilie
Salz
schwarzer Pfeffer aus der Mühle
150 g Butterflöckchen
2 Eier
Saft von 1 Zitrone

**1.** Von den Zucchini die dickeren Enden abschneiden und das Fruchtfleisch jeweils von dieser Seite mit einem Teelöffel so weit herauslösen, bis eine etwa 5 mm dicke Wand übrig bleibt. Das Fruchtfleisch würfeln.

**2.** Hackfleisch, Reis, Zwiebeln, Petersilie sowie Zucchinifruchtfleisch gut vermischen und mit Salz und Pfeffer würzen. Die ausgehöhlten Zucchini zu Dreiviertel mit der Masse füllen.

**3.** Die Zucchini senkrecht, mit der Öffnung nach oben, in einen geeigneten Topf stellen und so viel Wasser dazugießen, bis sie fast bedeckt sind. Die Butterflöckchen hinzufügen. Die Zucchini zugedeckt bei mittlerer Hitze etwa 40 Minuten garen.

**4.** Die Eier trennen. Die Eiweiße steif schlagen. Unter weiterem Schlagen zuerst die Eigelbe, dann den Zitronensaft einrühren. Vorsichtig 3 bis 4 Eßlöffel Kochwasser unter die Eisauce ziehen und die gefüllten Zucchini zusammen mit dieser servieren.
*(auf dem Foto oben)*

# Gefüllte Auberginen

■ Zubereitungszeit: ca. $1^1/_2$ Std.

■ Zeit zum Ruhen: ca. 1 Std.

■ ca. 520 kcal je Portion

■ Dazu paßt frisches Baguette

8 kleine Auberginen
Salz
130 ml Olivenöl
4 große Zwiebeln
8 grobgehackte Knoblauchzehen
8 reife Tomaten
1 Bd. gehackte Petersilie
schwarzer Pfeffer aus der Mühle

**1.** Die Auberginen vom Stielansatz befreien, jeweils einen etwa 1 cm dicken Deckel abschneiden und das Fruchtfleisch herauslösen. Die ausgehöhlten Auberginen salzen und etwa 1 Stunde ruhen lassen.

**2.** Etwa 6 Eßlöffel Öl erhitzen und die ausgehöhlten Auberginen darin anbraten. Dann auf ein Backblech legen. Die Zwiebeln schälen, in Halbringe schneiden und zusammen mit dem Knoblauch im Öl glasig dünsten.

**3.** Den Backofen auf 220 °C vorheizen. Die Tomaten überkreuz einritzen, mit heißem Wasser überbrühen, vom Stielansatz befreien, enthäuten, vierteln und zu den Zwiebeln geben. Die Petersilie hinzufügen und mit Salz und Pfeffer würzen.

**4.** Das Tomaten-Zwiebel-Gemisch etwa 10 Minuten kochen und dann in die Auberginen füllen. Übrige Füllung und Auberginenfruchtfleisch auf das Backblech geben. Restliches Öl mit $1/_8$ Liter Wasser verrühren und dazugießen. Im Ofen etwa 1 Stunde backen.
*(auf dem Foto unten)*

BRAUCHT ZEIT · **SÄUERLICH-MILD**

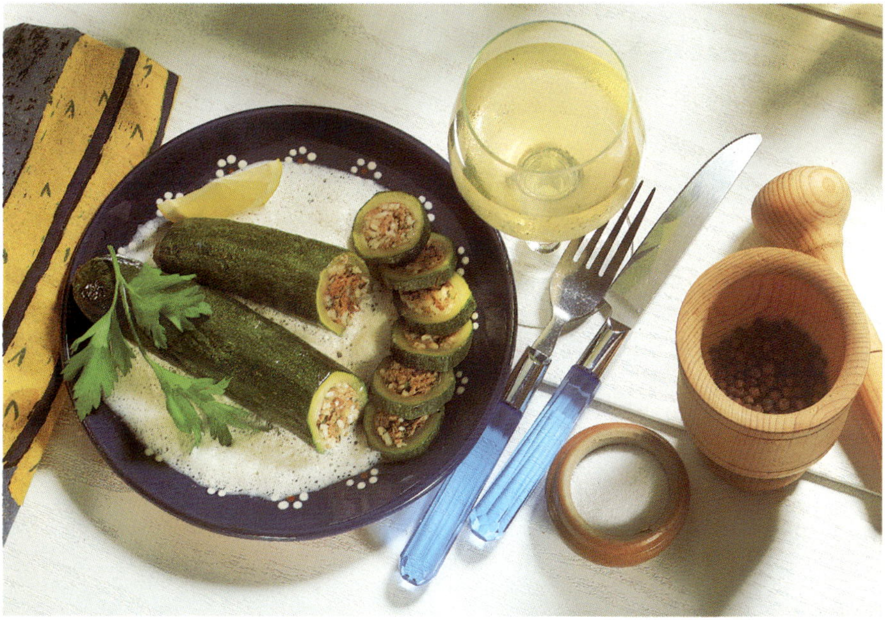

ZEITINTENSIV · **ORIENTALISCH**

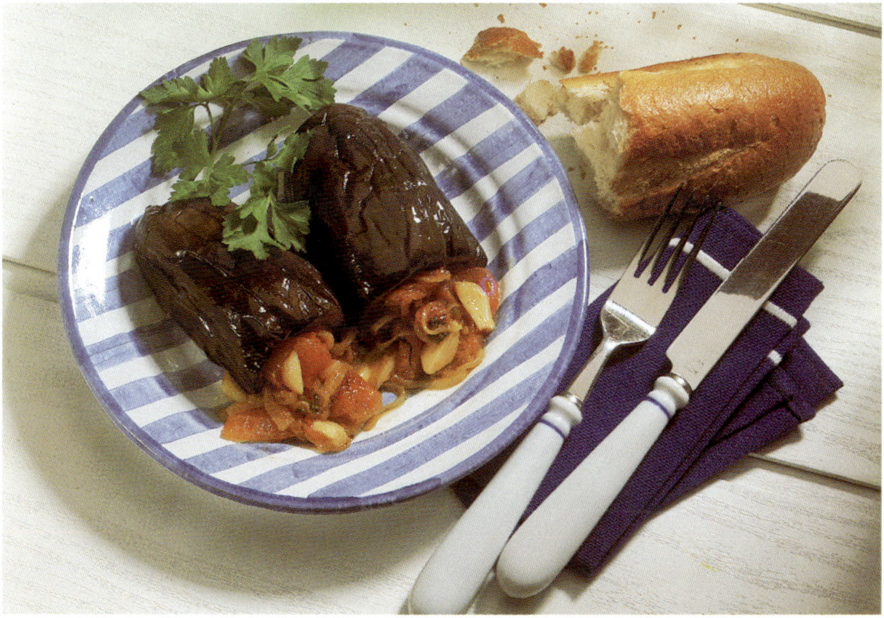

# FISCHE UND MEERES-FRÜCHTE

Was wäre die griechische Küche ohne Fisch, der dort täglich in großer Vielfalt fangfrisch auf den Märkten angeboten wird! Zudem kommen aus dem Mittelmeer köstliche Meeresfrüchte, die in keinem größeren Menü fehlen dürfen.

## Hummer mit Zitronensauce

▨ Zubereitungszeit: ca. 1$^1/_4$ Std.

▨ ca. 340 kcal je Portion

▨ Dazu paßt Blumenkohlsalat

1 großer, frischer Hummer (ca. 800 g)
Salz
1 Bd. gehackter Schnittsellerie
100 ml Olivenöl
Saft von 2 Zitronen
weißer Pfeffer aus der Mühle
1 Zitronenscheibe zum Garnieren
Schnittsellerie zum Garnieren

**1.** Den Hummer kalt abspülen. Die kleine Öffnung am hinteren Teil des Schwanzes mit einem Stückchen Watte verschließen, damit kein Kochwasser eindringen kann. Den Schwanz mit Küchengarn an den Scheren befestigen. Etwa 2 Liter Salzwasser zum Kochen bringen.

**2.** Den Hummer mit dem Kopf voran in das sprudelnd kochende Wasser geben. Nach 2 bis 3 Minuten die Hitze reduzieren und den Sellerie einrühren. Den Topf verschließen und den Hummer etwa ³/₄ Stunden bei mittlerer Hitze kochen.

**3.** Den Hummer aus dem Sud heben, abtropfen und abkühlen lassen. Den Hummer am Brustpanzer festhalten und die Scheren nacheinander mit drehender Bewegung vom Rumpf trennen. Den Hummer mit einem großen Messer der Länge nach halbieren.

**4.** Den im Schwanz befindlichen Darm vorsichtig entfernen. Mit einem Teelöffel Magen und Leber aus dem Rumpfteil herausnehmen. Das Fleisch aus den Scheren lösen, in Scheiben schneiden und auf eine Platte legen. Die Hummerschwanzhälften dazulegen.

**5.** Die Innereien pürieren. Öl und Zitronensaft zum Püree geben, die Sauce gut durchmixen, mit Salz und Pfeffer abschmecken und über das Hummerfleisch gießen. Mit einer Zitronenscheibe und Schnittsellerie garnieren.

**Tip:**
Schnittsellerie ist eine Sellerieart, deren Blätter zum Würzen verwendet werden.

BRAUCHT ZEIT · **ALLERFEINST**

# Calamares mit Spinat

▦ Zubereitungszeit: ca. 1 Std.

▦ ca. 300 kcal je Portion

▦ Dazu paßt trockener Rotwein

**600 g TK-Blattspinat**
**750 g küchenfertige, ganze**
**Calamares ohne Tintenbeutel**
**5 EL Olivenöl**
**3 gewürfelte Zwiebeln**
**1 Bd. gehackter Dill**
**3 EL gehackte Pfefferminze**
**Salz**
**schwarzer Pfeffer aus der Mühle**
**70 ml trockener Weißwein**

**1.** Den Blattspinat auftauen lassen. Die Calamares kalt abspülen. Die Augen entfernen, Arme, Flossen und Beutel in mundgerechte Stücke schneiden. Auf Küchenkrepp abtropfen lassen.

**2.** Das Öl in einer Pfanne erhitzen und Zwiebeln, Dill sowie Pfefferminze darin andünsten.

**3.** Das Calamaresfleisch dazugeben, mit Salz und Pfeffer würzen und das Ganze 5 Minuten braten. 200 ml Wasser angießen, die Pfanne verschließen und den Tintenfisch etwa 20 Minuten bei geringer Hitze garen.

**4.** Den Blattspinat fein hacken und zu den Calamares geben. Falls nötig, etwas Wasser zugeben und alles nochmals 10 Minuten kochen. Zum Schluß mit Weißwein ablöschen, das Ganze einmal aufkochen lassen und dann servieren.

**Tip:**
Im Gegensatz zu den Sepia (gemeiner Tintenfisch), deren Körper rund oder oval geformt ist, haben Calamares einen schlanken, langen Körper, der in einer breiten Schwanzflosse endet.

## Gefüllte Calamares

▨ Zubereitungszeit: ca. 1³/₄ Std.

▨ ca. 590 kcal je Portion

▨ Dazu paßt grüner Salat

8 kleine Calamares
Salz
10 EL Olivenöl
3 feingehackte Schalotten
4 mittelgroße Tomaten
400 g milder griechischer Schafskäse
(z.B. Manouri)
1 Bd. gehackter Dill
schwarzer Pfeffer aus der Mühle
100 ml trockener Weißwein
1 EL Oreganoblättchen

**1.** Die Calamares kalt abspülen und salzen. Die Augen entfernen. Jeweils die Arme und Flossen von den Beuteln trennen und kleinschneiden.

**2.** Etwa 4 Eßlöffel Öl in einer Pfanne erhitzen und Tintenfischstückchen sowie Schalotten darin etwa 5 Minuten anbraten. Inzwischen die Tomaten überkreuz einritzen, mit kochend heißem Wasser überbrühen, vom Stielansatz befreien, enthäuten, entkernen und kleinschneiden.

**3.** Das Tomatenfruchtfleisch in die Pfanne rühren. Die Mischung mit Pfeffer würzen und 5 Minuten dünsten. Die Pfanne vom Herd nehmen. Den Schafskäse zerbröckeln und zusammen mit dem Dill unter die Tintenfisch-Tomaten-Mischung heben.

**4.** Den Backofen auf 200 °C vorheizen. Die Calamaresbeutel mit der Tintenfisch-Tomaten-Mischung füllen und die Öffnungen jeweils mit Küchengarn zunähen. Die gefüllten Calamares in eine Auflaufform legen. Weißwein mit restlichem Öl und Oreganoblättchen verquirlen und darübergießen. Im Ofen etwa ³/₄ Stunden backen. Zwischendurch einmal wenden.

# Fischsuppe

- Zubereitungszeit: ca. $2^1/_4$ Std.
- Zeit zum Ruhen: ca. 1 Std.
- ca. 530 kcal je Portion
- Dazu paßt frisches Stangenbrot

**1 kg gemischte, küchenfertige
Meeresfische (z. B. Barsch,
Schellfisch oder Heilbutt)
Salz, 5 gewürfelte Kartoffeln
3 gewürfelte Zwiebeln
3 gewürfelte Karotten
2 gewürfelte Tomaten
1 Bd. gehackter Schnittsellerie
5 EL Olivenöl, Pfeffer aus der Mühle
100 g Reis, 2 Eier
Saft von 1 Zitrone**

**1.** Die Fische in Stücke schneiden, salzen und etwa 1 Stunde ruhen lassen. Die Fischstücke in einen Topf geben, mit Wasser auffüllen, bis sie gut bedeckt sind und etwa 1 Stunde bei geringer Hitze kochen.

**2.** Den Fisch aus dem Sud nehmen. Jeweils Haut und Gräten sorgfältig entfernen und das Fischfleisch in kleine Stücke schneiden. Den Sud durch ein Sieb seihen.

**3.** Gewürfeltes Gemüse, Schnittsellerie und Öl in den Sud geben, mit Salz und Pfeffer würzen und das Ganze bei mittlerer Hitze etwa $^1/_2$ Stunde kochen. Den Reis einrühren und im Sud etwa 20 Minuten garen. Die Fischstücke hinzufügen und den Topf vom Herd nehmen.

**4.** Die Eier trennen. Die Eiweiße steif schlagen. Unter weiterem Schlagen zuerst die Eigelbe, dann den Zitronensaft einrühren. Vorsichtig 3 bis 4 Eßlöffel Sud unter die Eisauce ziehen und diese in die Suppe rühren.
*(auf dem Foto: oben)*

# Gebratene Meerbarben

- Zubereitungszeit: ca. $^1/_2$ Std.
- ca. 635 kcal je Portion
- Dazu paßt Bauernsalat

**125 ml Olivenöl
Saft von 1 Zitrone
Salz
schwarzer Pfeffer aus der Mühle
1 Prise getrockneter Oregano
4 frische, küchenfertige Meerbarben
(à ca. 200 g)
schwarzer Pfeffer aus der Mühle
Mehl zum Wenden
6 EL Olivenöl zum Braten**

**1.** Das Öl und den Zitronensaft mit einem Schneebesen gut verquirlen. Die Sauce mit Salz, Pfeffer und Oregano würzen.

**2.** Die Fische kalt abspülen, trockentupfen, salzen, pfeffern und anschließend in Mehl wenden.

**3.** Das Öl in einer Pfanne erhitzen und die Fische von beiden Seiten goldbraun braten.

**4.** Die gebratenen Fische auf eine vorgewärmte Platte legen und mit der Öl-Zitronen-Sauce übergießen.
*(auf dem Foto: unten)*

**Tip:**
Servieren Sie die gebratenen Meerbarben zusammen mit Zitronenscheiben und reichen Sie frisches Weißbrot dazu.

## Sepiaragout

░ Zubereitungszeit: ca. 1 Std.

░ ca. 260 kcal je Portion

░ Dazu paßt Reis

4 frische, küchenfertige Sepia
(gemeiner Tintenfisch, à ca. 150 g)
5 EL Olivenöl
1 gewürfelte Zwiebel
Salz
schwarzer Pfeffer aus der Mühle
100 ml trockener Weißwein
200 ml Tomatensaft

**1.** Die Sepia kalt abspülen, trockentupfen und in mundgerechte Stücke schneiden. Das Öl in einer Pfanne erhitzen und die Zwiebel darin glasig dünsten.

**2.** Den Tintenfisch dazugeben, salzen, pfeffern und etwa 5 Minuten anbraten. Mit dem Wein ablöschen und dann den Tomatensaft angießen. Gut umrühren.

**3.** Das Ragout zugedeckt bei geringer Hitze etwa $3/4$ Stunden kochen. Zwischendurch, falls nötig, etwas Wasser angießen. Gelegentlich umrühren.

## Stockfisch mit Gemüse

- Zubereitungszeit: ca. 1 Std.
- Zeit zum Wässern: ca. 1 Tag
- ca. 700 kcal je Portion
- Dazu paßt frisches Baguette

500 g Stockfischfilets (an der Luft
getrockneter Fisch, meist Kabeljau,
Seelachs oder Schellfisch)
4 mittelgroße Kartoffeln
4 mitttelgroße Karotten
2 Zwiebeln
80 ml Olivenöl
Salz
schwarzer Pfeffer aus der Mühle
Saft von 1 Zitrone

**1.** Die Stockfischfilets etwa 1 Tag wässern, dabei das Wasser mehrmals wechseln. Anschließend den Fisch enthäuten und alle Gräten mit einer Pinzette entfernen.

**2.** Kartoffeln und Karotten schälen. Kartoffeln in Würfel, Karotten in Scheiben schneiden. Zwiebeln schälen und grob würfeln.

**3.** Das Gemüse in einen Topf geben, mit so viel Wasser auffüllen, bis es bedeckt ist, und das Öl hinzufügen. Das Gemüse zugedeckt bei mittlerer Hitze $1/2$ Stunde kochen.

**4.** Die Fischfilets zum Gemüse geben. Alles mit Salz und Pfeffer würzen und 20 Minuten bei mittlerer Hitze garen. Zum Schluß mit Zitronensaft abschmecken.

**Tip:**
Achten Sie beim Kauf des Stockfisches darauf, daß das Fleisch weiß und nicht gelblich ist.

# Schwertfisch am Spieß

- Zubereitungszeit: ca. $3/4$ Std.
- ca. 280 kcal je Portion
- Dazu paßt Weißkohlsalat

**500 g Schwertfischfilet**
**2 Tomaten**
**2 gelbe Paprikaschoten**
**2 kleine Zwiebeln**
**4 EL Olivenöl**
**Salz**
**schwarzer Pfeffer aus der Mühle**
**getrockneter Oregano nach Belieben**

**1.** Den Backofen auf 200 °C vorheizen. Das Schwertfischfilet kalt abspülen, trockentupfen und in mundgerechte Stücke schneiden.

**2.** Die Tomaten vom Stielansatz befreien und in grobe Würfel schneiden. Die Paprikaschoten in mundgerechte Stücke schneiden. Die Zwiebeln schälen und in dicke Scheiben schneiden.

**3.** Die Fisch- und Gemüsestücke jeweils rundherum mit Olivenöl bepinseln. Anschließend abwechselnd auf 4 Holzspieße stecken und mit Salz, Pfeffer und Oregano würzen.

**4.** Die Spieße auf einen Gitterrost legen und unter mehrmaligem Wenden etwa $1/2$ Stunde im Backofen backen.
*(auf dem Foto: oben)*

**Tip:**
Sie können die Spieße auch auf dem Holzkohlen- oder Tischgrill zubereiten. Falls Sie keinen Grill zur Verfügung haben, braten Sie die Spieße in einer Pfanne.

# Überbackener Fisch

- Zubereitungszeit: ca. 1 Std.
- ca. 800 kcal je Portion
- Dazu paßt grüner Salat

**1,2 kg küchenfertiger Meeresfisch**
**(z. B. Rotbarben)**
**Salz**
**Fett für die Form**
**3 Zwiebeln, in Scheiben**
**schwarzer Pfeffer aus der Mühle**
**150 ml trockener Weißwein**
**6 kleine Tomaten**
**150 ml Olivenöl**
**1 EL Zucker**
**150 g Semmelbrösel**
**2 durchgepreßte Knoblauchzehen**
**1 Bd. gehackte Petersilie**
**1 große Tomate, in Scheiben**

**1.** Die Fische kalt abspülen, trockentupfen und salzen. Eine Auflaufform (ca. 28 cm Ø) ausfetten und die Fische hineinlegen. Mit Zwiebelscheiben bedecken und mit Pfeffer würzen. Den Wein darübergießen. Den Backofen auf ca. 200 °C vorheizen.

**2.** Die Tomaten überkreuz einritzen, mit kochend heißem Wasser überbrühen, vom Stielansatz befreien, enthäuten, entkernen und kleinschneiden. Tomatenfruchtfleisch mit Öl, Zucker, Salz sowie Pfeffer gut vermischen und die Hälfte der Sauce über den Fisch gießen.

**3.** Semmelbrösel mit Knoblauch sowie Petersilie vermengen und die Hälfte der Masse auf dem Fisch verteilen. Das Ganze mit Tomatenscheiben bedecken.

**4.** Restliche Tomatensauce mit übriger Semmelbrösel-Knoblauch-Mischung verrühren und über den Fisch geben. Dann das Gericht im Backofen etwa 40 Minuten backen.
*(auf dem Foto: unten)*

# Fischfilet mit Backkartoffeln

- Zubereitungszeit: ca. 1¹/₄ Std.
- ca. 620 kcal je Portion
- Dazu paßt Rote-Bete-Salat

**4 Fischfilets (Dorade, Heilbutt oder Schellfisch, à ca. 200 g)**
**500 g Kartoffeln**
**Salz**
**schwarzer Pfeffer aus der Mühle**
**getrockneter Oregano nach Belieben**
**150 ml Olivenöl**
**Saft von 1 Zitrone**

**1.** Den Backofen auf 200 °C vorheizen. Die Fischfilets kalt abspülen, trockentupfen, halbieren und in eine Auflaufform legen.

**2.** Die Kartoffeln schälen, in mundgerechte Würfel schneiden und gleichmäßig um den Fisch verteilen.

**3.** Das Ganze mit Salz und Pfeffer sowie nach Belieben mit Oregano würzen.

**4.** Öl, Zitronensaft sowie 100 ml Wasser miteinander verquirlen und vorsichtig über den Fisch und die Kartoffeln gießen. Das Gericht im Backofen etwa 1 Stunde backen.
*(auf dem Foto oben)*

**Tip:**
Reichen Sie selbstgemachtes Tsatsiki (siehe Rezept auf Seite 12) zu den Fischfilets.

# Garnelen im Ofen

- Zubereitungszeit: ca. ³/₄ Std.
- ca. 430 kcal je Portion
- Dazu paßt frisches Baguette

**100 ml Olivenöl**
**2 gewürfelte Zwiebeln**
**4 Tomaten**
**Salz**
**schwarzer Pfeffer aus der Mühle**
**400 g frische Garnelen**
**1 Bd. gehackte Petersilie**
**1 Prise getrockneter Oregano**
**150 g Schafskäse**

**1.** Das Öl in einer Pfanne erhitzen und die Zwiebeln darin glasig dünsten.

**2.** Die Tomaten überkreuz einritzen, mit kochend heißem Wasser überbrühen, vom Stielansatz befreien, enthäuten, entkernen, kleinschneiden und zu den Zwiebeln geben. Gut umrühren, mit Salz und Pfeffer würzen und die Sauce bei geringer Hitze etwa 5 Minuten köcheln lassen.

**3.** Den Backofen auf 200 °C vorheizen. Die Garnelen gründlich abspülen, abtropfen lassen und auf 4 feuerfeste Tonschüsselchen verteilen. Die Garnelen jeweils mit Tomatensauce übergießen und mit Petersilie und Oregano bestreuen.

**4.** Den Schafskäse in kleine Würfel schneiden und jeweils über den Garnelen verteilen. Das Ganze ¹/₂ Stunde im Backofen backen.
*(auf dem Foto unten)*

**Tip:**
Nach Belieben können Sie auch 2 durchgepreßte Knoblauchzehen zusammen mit den Zwiebeln anbraten.

BRAUCHT ZEIT · **DEFTIG**

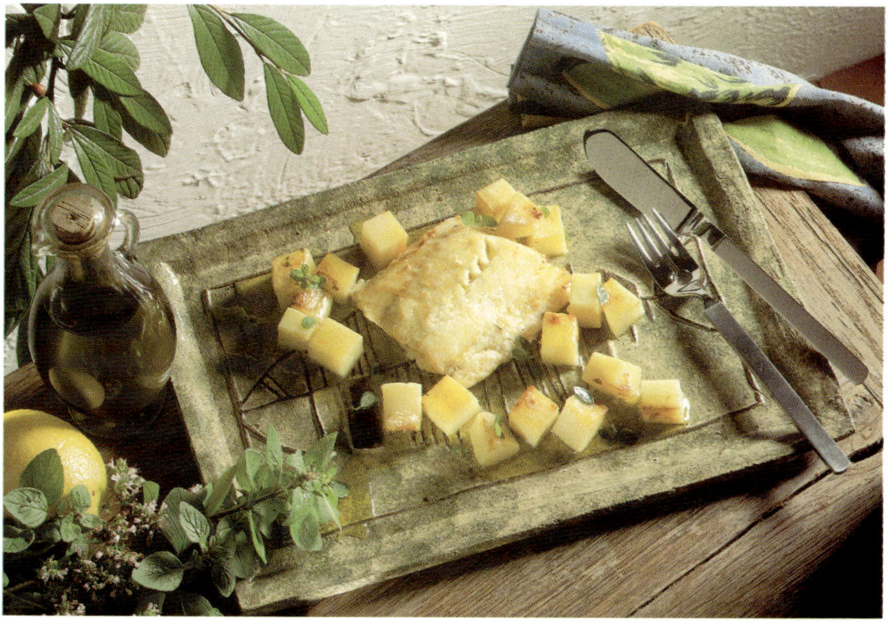

BRAUCHT ZEIT · **WÜRZIG**

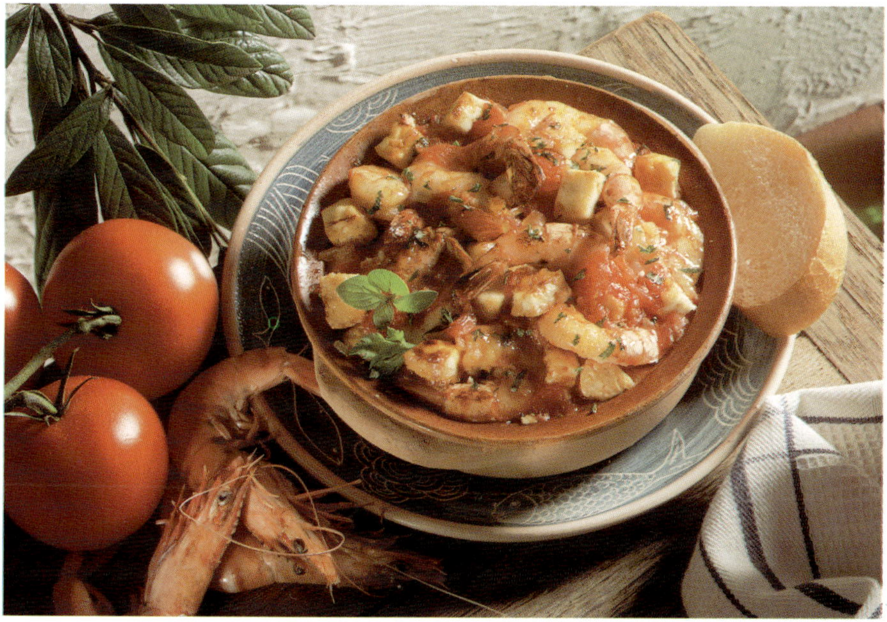

# NACHSPEISEN

In Griechenland ist es nicht üblich, nach der Hauptmahlzeit eine Nachspeise zu servieren. Süße Sachen genießt man eher nachmittags zum Kaffee oder man bereitet sie in größeren Mengen zu, um überraschenden Besuchern etwas anbieten zu können.

## Mandelgebäck

- Für etwa 40 Stück
- Zubereitungszeit: ca. $1^1/_4$ Std.
- Zeit zum Abkühlen: ca. $^3/_4$ Std.
- ca. 90 kcal je Stück
- Dazu paßt Portwein

160 g weiche Butter
1 Eigelb
250 g Weizenmehl
60 g geriebene Mandeln
$^1/_2$ TL Backpulver
3 EL Zucker
3 EL Weinbrand
100 g Puderzucker zum Bestäuben

**1.** Die Butter in eine Schüssel geben und mit einem Handrührgerät schaumig schlagen.

**2.** Eigelb, Mehl, Mandeln, Backpulver, Zucker, 3 Eßlöffel Wasser sowie Weinbrand dazugeben und alles gut verkneten. Den Backofen auf 175 °C vorheizen.

**3.** Aus dem Teig flache Plätzchen oder Hörnchen formen und diese auf ein ungefettetes Backblech legen. Im Backofen etwa $1/2$ Stunde bis 40 Minuten backen.

**4.** Anschließend das Mandelgebäck auf Backpapier legen, dick mit Puderzucker bestäuben und abkühlen lassen.

**Tip:**
Beträufeln Sie das Mandelgebäck vor dem Bestäuben mit Puderzucker mit Rosenwasser, dann schmeckt es noch aromatischer.

ZEITINTENSIV · **ZART**

# Baklavas

- Für 8 Personen
- Zubereitungszeit: ca. 1 Std.
- Zeit zum Abkühlen: ca. 3 Std.
- ca. 570 kcal je Portion
- Dazu paßt Eiskaffee

**Für den Sirup:**
300 g Zucker
2 EL Zitronensaft

**Für den Baklava:**
300 g Filloteig (gerollter TK-Blätterteig)
Fett für das Blech
Mehl zum Bestäuben
100 g gehackte Walnüsse
5 EL Semmelbrösel
2 EL Zimtpulver

**Außerdem:**
150 g Butter oder Margarine

**1.** Den Zucker zusammen mit 300 ml Wasser in einen Topf geben. Beides gut verrühren, erhitzen und 5 Minuten bei geringer Hitze köcheln lassen. Dann den Zitronensaft einrühren und den Sirup nochmals 2 Minuten kochen. Anschließend den Topf vom Herd nehmen und den Sirup völlig abkühlen lassen.

**2.** Den Blätterteig auftauen lassen. Ein Backblech fetten. Mit der Hälfte der Blätterteigplatten ein Rechteck von ca. 30 x 20 cm auf das Backblech auslegen. Dabei die einzelnen Platten etwas überlappt aufeinanderlegen und festdrücken.

**3.** Die Walnüsse mit den Semmelbröseln und dem Zimtpulver gut vermischen. Diese Mischung gleichmäßig auf dem Blätterteig verteilen. Die restlichen Blätterteigplatten, wie oben beschrieben, auf die Nußmischung legen. Den Backofen auf 200 °C vorheizen.

**4.** Den Baklava mit einem scharfen Messer vorsichtig in kleine, etwa 6 x 6 cm große Rauten schneiden. Die Butter oder Margarine in einem Topf schmelzen und die Baklavas mit dem zerlassenen Fett gleichmäßig bestreichen. Das Gebäck in den Ofen geben und in etwa $1/2$ Stunde goldbraun backen.

**5.** Die Baklavas sofort nach dem Herausnehmen aus dem Ofen mit dem kalten Sirup gleichmäßig begießen und kalt werden lassen.

**Tip:**
Filloteig erhalten Sie als Blätterteig für Baklava in türkischen oder griechischen Fachgeschäften. Baklavas sind eine im gesamten Orient bekannte und beliebte Nachspeise. In der Türkei werden sie zum Beispiel mit kleingehackten Walnüssen, Haselnüssen und Mandeln gefüllt. Die Füllung wird zusätzlich mit 4 Eigelben angereichert. Vor dem Backen bestreicht man die Baklavas mit verquirltem Eigelb.

**Variation:**
Anstelle des Zuckers können Sie für den Sirup auch 200 g flüssigen Honig verwenden. Der Sirup muß dann nicht im voraus zubereitet werden; einfach den Honig zusammen mit dem Zitronensaft erhitzen, die Baklavas mit der Mischung übergießen und das Ganze abkühlen lassen.

## Fritierte Honigkugeln

▨ Zubereitungszeit: ca. $^3/_4$ Std.

▨ Zeit zum Gehen: ca. 2 Std.

▨ ca. 550 kcal je Portion

▨ Dazu paßt griechischer Kaffee

**Für die Honigkugeln:**
250 g Mehl, $^1/_2$ TL Salz
20 g Hefe ($^1/_2$ Würfel)
125 ml lauwarmes Wasser
neutrales Pflanzenöl zum Fritieren

**Für den Sirup:**
200 g flüssiger Honig
100 g Zucker

**Außerdem:**
Zimtpulver zum Bestäuben

**1.** Das Mehl in eine Schüssel sieben, mit dem Salz vermischen und in die Mitte eine Mulde drücken. Die Hefe mit 5 Eßlöffeln lauwarmem Wasser verrühren und in die Mulde geben.

**2.** Vom Rand etwas Mehl unterrühren, restliches Wasser hinzufügen und nach und nach das gesamte Mehl mit einem Handrührgerät unter die Hefe-Wasser-Mischung mischen. Den Teig so lange rühren, bis er glatt ist. Zugedeckt an einem warmen Ort etwa 2 Stunden gehen lassen.

**3.** Honig und Zucker zusammen mit 125 ml Wasser in einen Topf geben, verrühren und erhitzen. Bei geringer Hitze etwa 5 Minuten köcheln lassen.

**4.** Das Öl gut erhitzen. Einen Teelöffel in kaltes Wasser tauchen, damit aus dem Teig jeweils Bällchen stechen und diese im Öl goldbraun fritieren. Dabei mit einem Schaumlöffel öfter wenden. Die Bällchen auf Küchenkrepp abtropfen lassen. Dann auf eine Platte legen und mit Sirup übergießen. Zum Schluß mit Zimtpulver bestäuben.

## Grießtörtchen

▦ Zubereitungszeit: ca. $^1/_2$ Std.

▦ Zeit zum Kühlen: ca. 1 Std.

▦ ca. 570 kcal je Portion

▦ Dazu paßt griechischer Likör

**100 g Zucker**
**1 EL Zitronensaft**
**150 g Butter**
**150 g Weizengrieß**
**abgeriebene Schale einer**
**unbehandelten Zitrone**
**1 TL Zimtpulver zum Bestäuben**
**12 geschälte ganze Mandeln**
**zum Garnieren**

**1.** Den Zucker zusammen mit $^3/_4$ Liter Wasser in einem Topf zum Kochen bringen. Nach etwa 3 Minuten Kochzeit den Zitronensaft einrühren und das Ganze nochmals 3 Minuten köcheln lassen.

**2.** In einem anderen Topf die Butter zerlassen, dann den Grieß mit einem Schneebesen einrühren. Die Masse unter ständigem Rühren bei mittlerer Hitze goldbraun werden lassen.

**3.** Das Zuckerwasser unter die Grießmasse ziehen. Die Zitronenschale untermischen und den Topf vom Herd nehmen.

**4.** Vier Puddingförmchen kalt ausspülen, die Grießmasse jeweils hineinfüllen und das Ganze etwa 1 Stunde kühl stellen. Die Grießtörtchen stürzen, mit Zimtpulver bestäuben und mit Mandeln garnieren.

# Kokosschnitten

- Zubereitungszeit: ca. 1 1/2 Std.
- Zeit zum Abkühlen: ca. 3 Std.
- ca. 370 kcal je Portion
- Dazu paßt griechischer Kaffee

**Für den Sirup:**
250 g Zucker
2 EL Zitronensaft

**Für die Kokosschnitten:**
75 g Mehl
1 EL Backpulver
50 g Hartweizengrieß
100 g Kokosflocken
75 g weiche Butter
5 EL Zucker
2 Eigelb
abgeriebene Schale einer
unbehandelten Zitrone
75 ml Milch
2 Eiweiß

**Außerdem:**
Fett für die Form
2 EL Zimtpulver
2 EL Kokosflocken

**1.** Für den Sirup den Zucker zusammen mit 1/4 Liter Wasser in einem Topf unter Rühren zum Kochen bringen. Nach etwa 5 Minuten Kochzeit den Zitronensaft einrühren und das Ganze nochmals 2 Minuten köcheln lassen. Den Topf vom Herd nehmen und den Sirup ganz abkühlen lassen.

**2.** Den Backofen auf 175 °C vorheizen. Für die Kokosschnitten das Mehl in eine Schüssel sieben und mit dem Backpulver vermischen. Dann den Grieß und die Kokosflocken untermischen.

**3.** In einer anderen Schüssel die Butter und den Zucker mit einem Handrührgerät schaumig rühren. Dann die Eigelbe hinzufügen und so lange weiterrühren, bis eine cremige Masse entsteht. Die Zitronenschale unterrühren.

**4.** Unter ständigem Rühren die Mehl-Kokos-Mischung löffelweise in die Eimasse geben. Dabei jeweils etwas Milch hinzufügen. Diesen Vorgang so lange fortführen, bis das Mehlgemisch und die Milch aufgebraucht sind. Die Eiweiße steif schlagen und den Eischnee unter den Teig heben.

**5.** Eine Kastenform (24 cm Ø) ausfetten und den Teig hineinfüllen. Das Ganze in den Ofen geben und etwa 3/4 Stunden backen. Dann auf eine Platte stürzen und in etwa 5 cm dicke Scheiben schneiden.

**6.** Aus den Scheiben kleine, etwa 5 x 5 cm große Rauten schneiden. Die Grießschnitten gleichmäßig mit Sirup begießen. Zimt und Kokosflocken vermischen, über die Schnitten streuen und das Ganze in etwa 3 Stunden abkühlen lassen.

**Tip:**
Bereiten Sie die Kokosschnitten mit frisch geraspeltem Kokosfleisch zu. Das ist zwar arbeitsaufwendig, dafür wird Sie das Resultat für Ihre Mühe entlohnen. Eine frische Kokosnuß an den zwei „Augen" anbohren und das Fruchtwasser auslaufen lassen. Die Nuß in die linke Hand nehmen und die Schale mit einem Hammer zerschlagen. Das Fruchtfleisch ablösen und fein reiben.

# Eingelegte Feigen

▨ Für 8 Personen

▨ Zubereitungszeit: ca. $^3/_4$ Std.

▨ Zeit zum Abkühlen: ca. 3 Std.

▨ ca. 180 kcal je Portion

▨ Dazu paßt ein Glas Tonic Water

**300 g Zucker**
**350 g frische, kleine Feigen**
**1 TL Zitronensaft**
**1 P. Vanillezucker**

**1.** Etwa $^1/_8$ Liter Wasser in einen Topf geben, den Zucker einrühren und das Ganze zum Kochen bringen. Bei geringer Hitze etwa 5 Minuten köcheln lassen.

**2.** Die Feigen waschen, hinzufügen und die Früchte unter gelegentlichem leichtem Rühren bei mittlerer Hitze etwa $^1/_2$ Stunde kochen lassen. Zwischendurch den beim Kochen entstehenden Schaum abschöpfen.

**3.** Den Zitronensaft und den Vanillezucker einrühren und alles nochmals 5 Minuten kochen lassen. Die Feigen abkühlen lassen und zusammen mit dem Sud in kleinen Glasschalen servieren.
*(auf dem Foto oben)*

**Tip:**
Frische Feigen erhalten Sie nahezu ganzjährig im gut sortierten Gemüse- und Obstfachhandel oder in Feinkostläden. Rohe Feigen werden gut gekühlt und geschält verzehrt, oder, wie im nebenstehenden Rezept, gegart und können dann mitsamt der Schale gegessen werden.

# Joghurt mit Honig

▨ Zubereitungszeit: ca. 5 Min.

▨ ca. 310 kcal je Portion

▨ Dazu paßt griechischer Kaffee

**500 g griechischer**
**Joghurt (10 % Fett)**
**4 EL flüssiger Honig**
**5 EL gehackte Walnüsse**

**1.** Den Joghurt verrühren und auf 4 Schälchen verteilen.

**2.** Jeweils 1 Eßlöffel Honig darübergeben.

**3.** Jede Portion mit gehackten Walnüssen bestreuen.
*(auf dem Foto unten)*

**Tip:**
Servieren Sie zum Joghurt griechischen Kaffee. Hierfür 200 ml Wasser in einen kleinen Topf geben. 4 Teelöffel griechischen Kaffee und 4 Teelöffel Zucker einrühren. Die Mischung ohne umzurühren erhitzen, bis sich leichte Blasen am Rand bilden. Den Kaffee in 4 Mokkatassen füllen und vor dem Genuß kurz stehen lassen, damit sich das Kaffeepulver absetzen kann.

ZEITINTENSIV · EXOTISCH

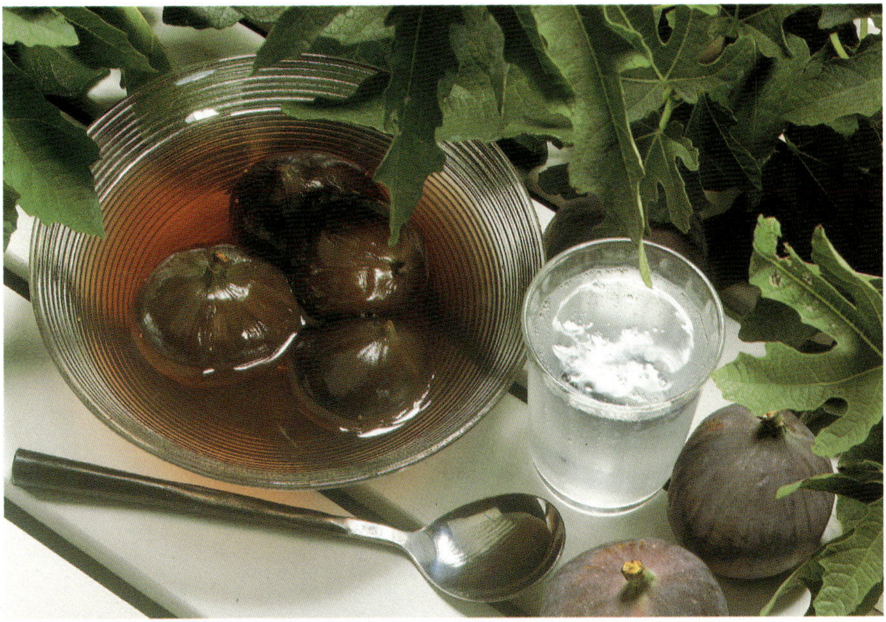

SCHNELL · FRISCH

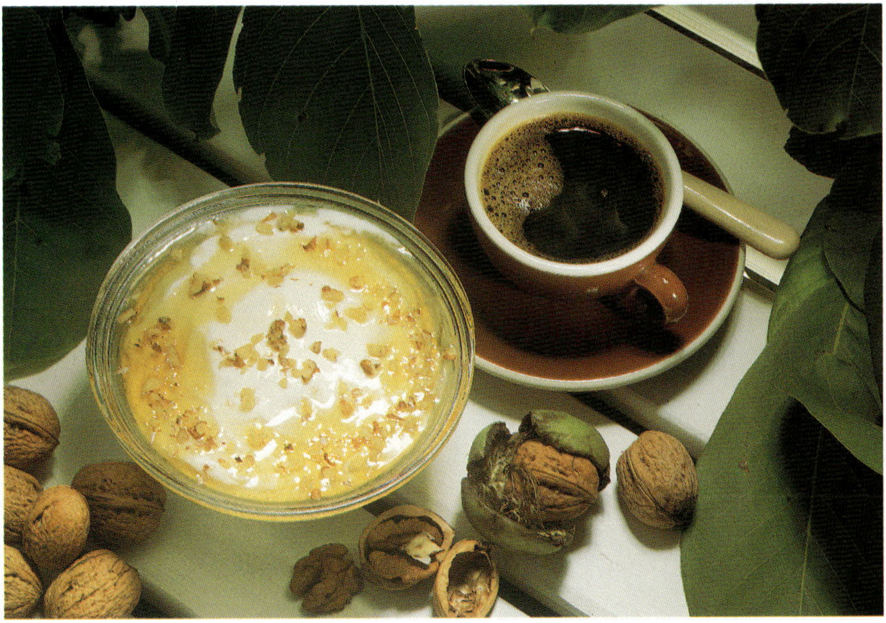

## Schokoladenbällchen

▨ Zubereitungszeit: ca.$^1/_2$ Std.

▨ Zeit zum Abkühlen: ca. 2 Std.

▨ ca. 600 kcal je Portion

▨ Dazu paßt ein Erdbeermilchshake

**150 g Vollmilchblockschokolade**
**75 g Butter**
**1 Eigelb**
**5 EL Puderzucker**
**5 EL gemahlene Haselnüsse**
**1 P. Vanillezucker**
**Schokostreusel zum Wenden**
**Kokosflocken zum Wenden**
**Kakaopulver zum Wenden**

**1.** Die Schokolade in Stücke brechen und in eine feuerfeste Edelstahl- oder Porzellanschüssel geben. Die Schüssel in ein heißes Wasserbad stellen und die Schokolade unter ständigem Rühren mit einem Schneebesen zum Schmelzen bringen.

**2.** Die Butter nach und nach in die Schokolade einrühren, dann unter weiterem Rühren das Eigelb. Den Puderzucker, die Haselnüsse und den Vanillezucker dazugeben und alles sehr gut verrühren.

**3.** Die Schokoladenmasse für etwa 2 Stunden kühl stellen. Dann daraus mit einem gekühlten Teelöffel oder mit einem Eisportionierer etwa walnußgroße Kugeln abstechen.

**4.** Je ein Drittel der Kugeln in Schokostreuseln, Kokosflocken und Kakaopulver wälzen und das Ganze bis zum Servieren kühl stellen.

# Rezeptverzeichnis

Dieses Buch gehört zu einer Kochbuchreihe, die die beliebtesten Themen aus dem Bereich Essen und Trinken aufgreift. Sie erhalten die Titel überall dort, wo es Bücher gibt.

Sie finden uns im Internet: **www.falken.de**

Bei diesem Buch handelt es sich um eine überarbeitete Ausgabe des bereits unter dem Titel „Griechische Küche" (Nr. 1581) erschienenen Buches.

Dieses Buch wurde auf chlorfrei gebleichtem und säurefreien Papier gedruckt.

ISBN 3 8068 2126 7

© 1999 by FALKEN Verlag, 65527 Niedernhausen/Ts.

**Umschlaggestaltung:** Peter Udo Pinzer
**Gestaltungskonzeption:** Christa Johanna Gramm
**Nachauflagenredaktion:** Jürgen Knöppler
**Umschlagfotos:** vorne außen: **Fotodesign Georg M. Wunsch**, Köln (Rezept „Gefüllte Weinblätter", S. 30); vorne innen: **Fotodesign Georg M. Wunsch**, Köln (Rezept „Knoblauchcreme", „Tsatsiki" und „Fischrogencreme", S. 12); hinten: **Fotodesign Georg M. Wunsch**, Köln (Rezept „Spinat-Schafkäse-Pitta", S. 15)
**Fotos:** Fotodesign Georg M. Wunsch, Köln
**Produktion:** Dr. Reitter & Partner GmbH, Vaterstetten
**Satz:** Dr. Reitter & Partner GmbH, Vaterstetten
**Druck:** Sebald Sachsendruck, Plauen

015910195X817 2635 4453 62